ΣΤΑΣ ΠΑΡΑΣΚΟΣ

Norbert Lynton

Μετάφραση: Δέσποινα Πυρκεττή

The Orage Press

Greek edition translated from the English by Despina Pirketti.
Editor: Dr Michael Paraskos

Published by the Orage Press.

The Orage Press
16A Heaton Road
Mitcham
Surrey CR4 2BU
England

ISBN: 978-0-9929247-6-8

ΣΤΑΣ ΠΑΡΑΣΚΟΣ

«Πάντα ήμουν λίγο αναρχικός. Όχι το είδος του αναρχικού που θέλει να τινάξει τα πάντα στον αέρα. Το είδος του διανοούμενου αναρχικού, που θέλει τον κόσμο να παίρνει τις δικές του αποφάσεις και την ευθύνη για τις αποφάσεις του. Να μην ακούει τους κανονισμούς και τους νόμους άλλων».

ΣΤΑΣ ΠΑΡΑΣΚΟΣ

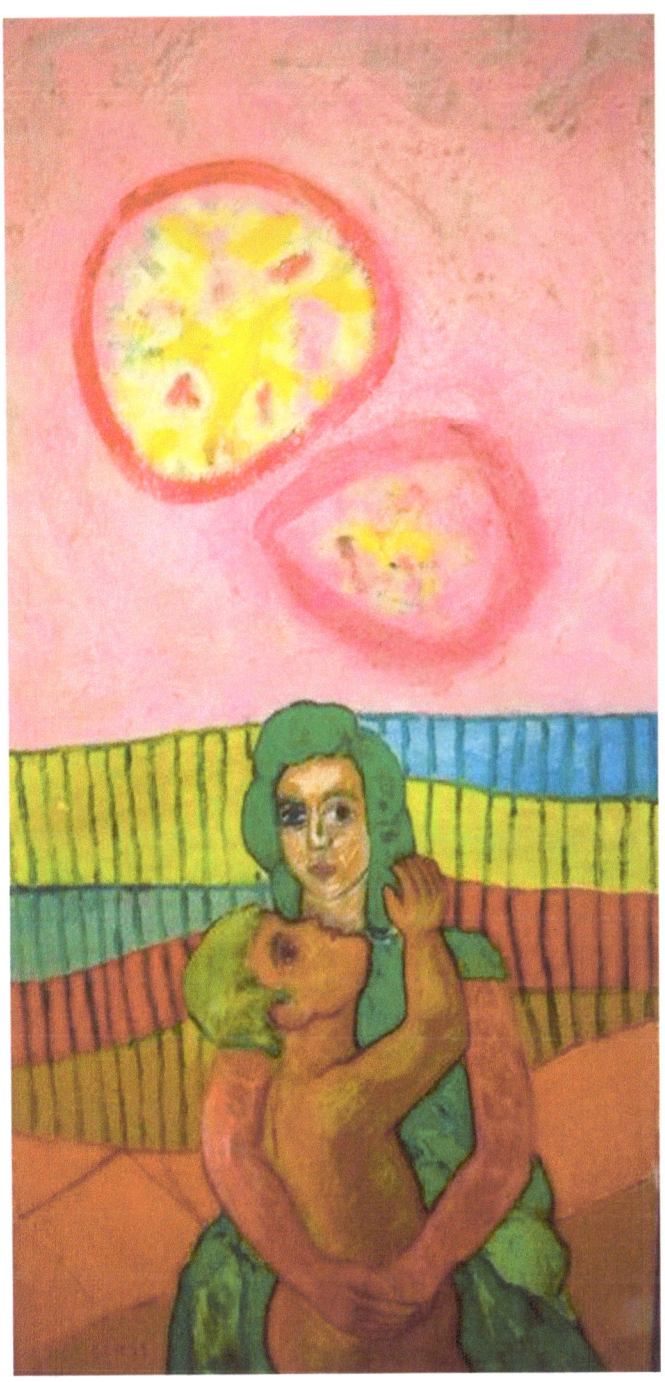

Το Φιλί
λάδι σε σανίδα
1971

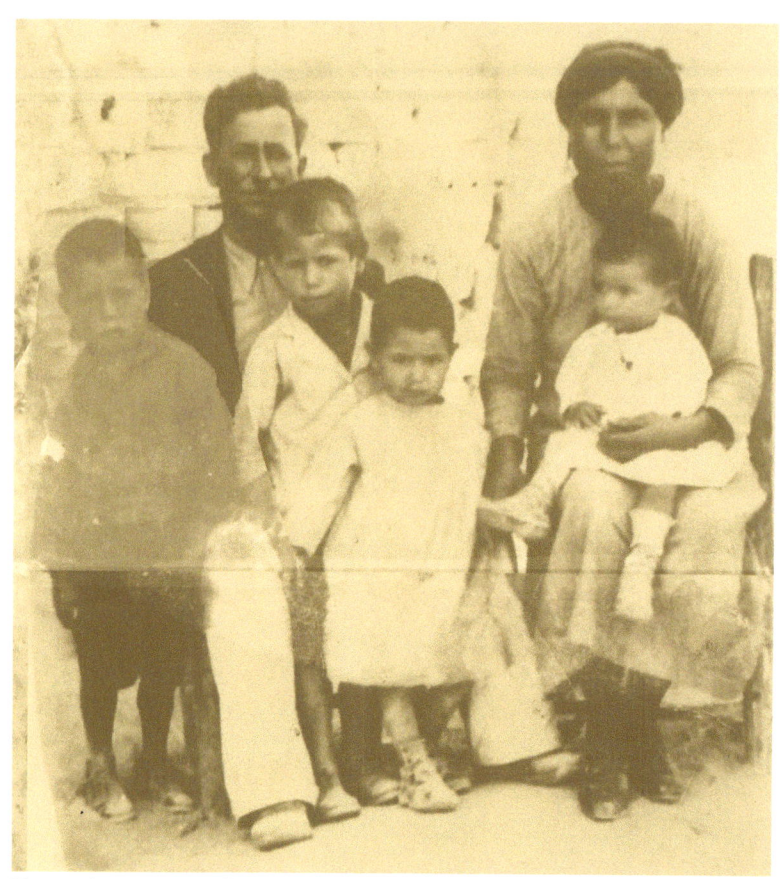

Η οικογένεια του Παράσκου, το 1938

Οι γονείς του τον ονόμασαν Στασίνο, όπως τον περιλάλητο επικό ποιητή της Κύπρου. Οι συμφοιτητές του στο Κολέγιο Τέχνης του Λιντς ήταν εκείνοι που του το κουτσούρεψαν σε Στας τη δεκαετία του 1950, και αυτό έγινε το καλλιτεχνικό του όνομα, το όνομα με το οποίο υπογράφει τα έργα του. Παράλληλα, είναι επίσημως ο Στας Παράσκος, και όλα αυτά απηχούν έναν δυισμό που θα πρέπει να έχουμε υπόψη. Έχω την εντύπωση ότι, ως καλλιτέχνης, θέλει να τον βλέπουν ως απλό άνθρωπο, κάποιον που ανδρώθηκε μέσα στους κάμπους κι έμαθε να τραγουδά, τρόπον τινά, απ' τα πουλιά. Μα την ίδια στιγμή είναι και στοχαστής, ένας Ελληνοκύπριος απογοητευμένος από τη συνεχιζόμενη διαίρεση της πατρίδας του, αλλά επίσης, γενικότερα και σφαιρικότερα, από την επιμονή των πολιτικών και θρησκευτικών ταγών να λανθάνονται. Κι όταν λέω «να λανθάνονται», εννοώ εις βάρος του μακροπρόθεσμου καλού της ανθρωπότητας. Βαθιά ρομαντικός, ο Στας είναι επίσης ένας εχέφρων, ευφράδης πολίτης του κόσμου.

Πάντως, εκείνα τα πρώιμα χρόνια, εγώ τον γνώρισα ως «Στας». Δίδασκα Ιστορία της Τέχνης στο Κολέγιο. Είχα, επίσης, καλές σχέσεις με μια αξιοθαύμαστη ομάδα πρωτοπόρων δασκάλων, γι' αυτό και επισκεπτόμουν τα ατελιέ καθημερινά. Ήταν μια ιδιαίτερα επιμορφωτική περίοδος για μένα. Και για τον Στας το ίδιο. Σχετικά ώριμος φοιτητής, ξεχώριζε αφ' ενός γι' αυτό, αφ' ετέρου λόγω της αβρότητάς του και των αστείων αγγλικών του, κυρίως όμως επειδή η ζωγραφική και τα σχέδιά του είχαν κάτι πολύ ξεχωριστό: ζωηρά, κάποτε παθιασμένα, άλλοτε λυρικά, ήταν προσωπικά αλλά ταυτόχρονα κόμιζαν ίχνη του θαυμασμού του για τις μεσογειακές παραδόσεις και τις μοντερνιστικές προτεραιότητες που ανέφαναν μετά τον ιμπρεσιονισμό. Ήταν εκλεκτός σπουδαστής: εκλεκτός, αλλά ήσυχος και εργατικός, όχι απ' αυτούς που παρελαύνουν πάνω-κάτω προς άγραν επιβεβαίωσης. Βέβαια, εισέπραττε επιβεβαίωση από τους προορατικούς υφηγητές, και από τους συμφοιτητές του, που είχαν διαισθανθεί το σθένος του.

Το όνομα Στας συμβολίζει διάφορες πτυχές της ιδιαιτερότητάς του. Αρχαίο όνομα, όνομα ποιητή, συντετμημένο κατά τις προσταγές της μοντέρνας οικειότητας. Όνομα ριζωμένο στον ελληνικό πολιτισμό, αλλά με καινούριο άκουσμα στον εικοστό πρώτο αιώνα. Άρτιο, το όνομα απηχεί την Κύπρο. Η συντομευμένη εκδοχή του θα μπορούσε να προέρχεται από υπουδήμοτε. Μ' ένα τέτοιο όνομα, θα μπορούσε να ήταν επικεφαλής ποπ συγκροτήματος. Ως υπογραφή, είναι σαφής και ξεκάθαρη, χωρίς την επιτήδευση που φέρουν οι υπογραφές άλλων ζωγράφων. Η τέχνη του Στας ανήκει στην Κύπρο και στις αλλεπάλληλες ελληνικές παραδόσεις, και πράγματι αναγνωρίζει αυτές τις ρίζες: παράλληλα, είναι τέχνη διεθνής και μοντέρνα. Ως προς τη θεματολογία της, εκτείνεται από το ιδιωτικό, προσωπικό φάσμα του έρωτα και της οικογένειας, μέσω της κοινοκτημοσύνης των αρχαίων μύθων, σε σύγχρονα θέματα, σοβαρά – κυρίως στην εκπληκτική ικανότητα της ανθρωπότητας να ανακαλύπτει λόγους αμοιβαίας εξόντωσης – και ασόβαρα – προφανή στην πληθώρα των έργων του, που σχολιάζουν το ωραίο και το παράλογο των ανθρώπινων όντων: εραστές, φίλοι, βασίλισσες της ομορφιάς εν πομπή, εκείνα τα αλλεπάλληλα εφταήμερα θαύματα, οι τουρίστες, και ο αποθαυμασμός που τους επιφυλάσσει το βλέμμα τού γηγενούς πληθυσμού των Κυπρίων.

Για τις ανάγκες αυτού του βιβλίου, κάθισε κι έγραψε για τη ζωή του. Μιλά για την καταγωγή του, από χωριό της επαρχίας Λάρνακας, για τον σχεδόν αμόρφωτο πατέρα και την εντελώς αμόρφωτη μητέρα, που αγωνίστηκαν για να δώσουν στα έξι τους αγόρια καλύτερη μόρφωση από τη δική τους, και να αποκτήσουν αξιότερους ρόλους στον κόσμο. Και τα έξι αγόρια ήρθαν στην Αγγλία, με τον ένα ή τον άλλο τρόπο. Ο Στας σαν να ξεβράστηκε στο ABC Tea

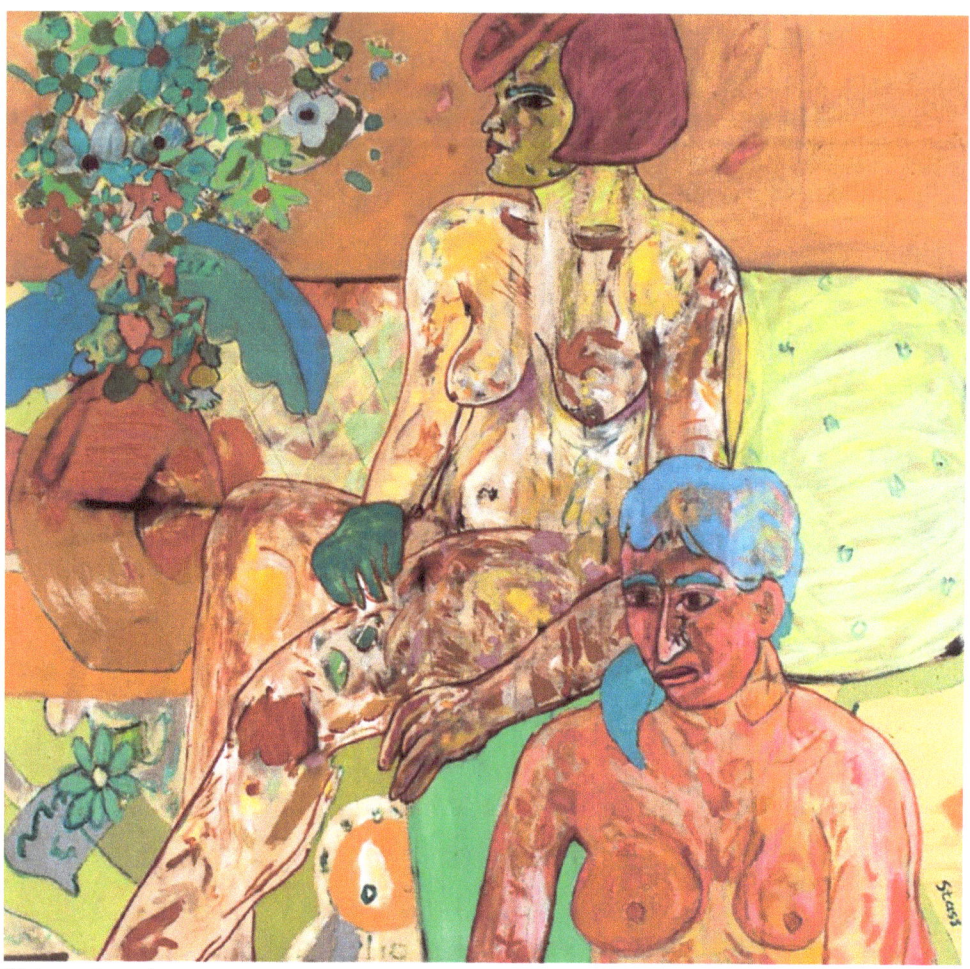

Κλέα και Ιουστίνη
λάδι σε καμβά
1966

Room, όπου περιεργαζόταν την μποέμικη ζωή στο Σόχο, κι έπειτα στο Λιντς, όπου είχε
συγγενείς και μπορούσε να εργαστεί ως σερβιτόρος. Κι απ' εκεί, στο Κολέγιο Τέχνης με
καθεστώς μερικής φοίτησης. Φαίνεται πως μια γνωστή του σερβιτόρα εργαζόταν και στο
Κολέγιο ως μοντέλο. Μέσω της, απέκτησε συνείδηση της τέχνης, και της λαχτάρας του για
την τέχνη. Προτού μεταβεί στην Αγγλία, είχε μαθητεύσει σε τυπογραφείο στη Λευκωσία,
όπου έμαθε πέντε πράγματα για το γραφικό σχέδιο και διαμόρφωσε κριτική άποψη για
τις σύγχρονες εικόνες, π.χ. τις αφίσες. Ανέκαθεν έγραφε ποίηση, από τα μαθητικά του χρόνια
κι έπειτα, επομένως είχε γευτεί την ευφορία και τις ωδίνες της δημιουργίας, μα η σκέψη ότι ο

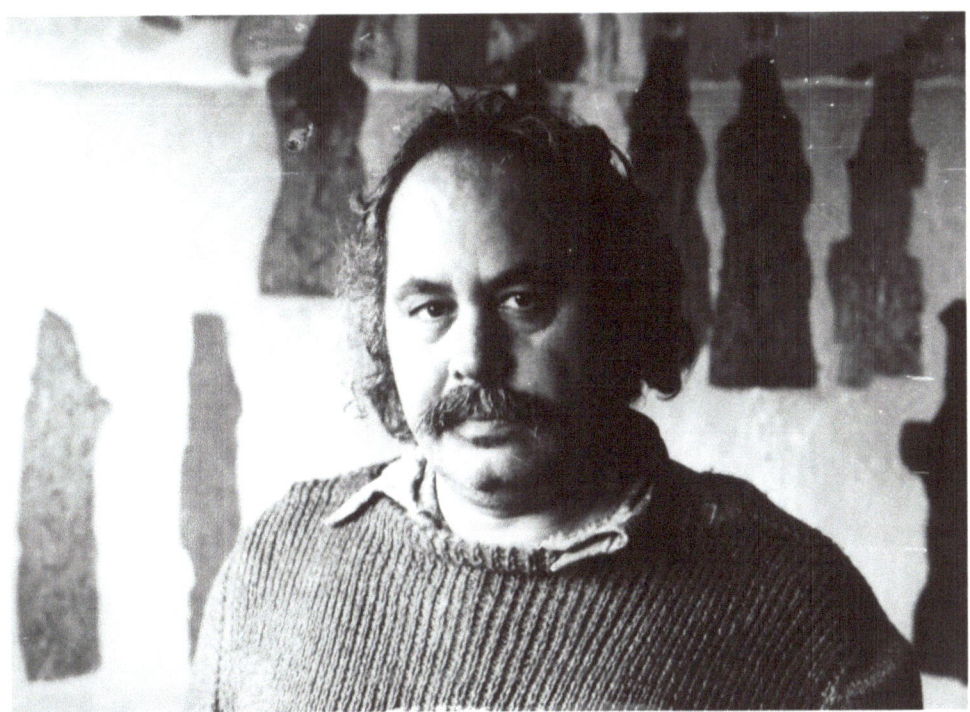

Ο Στας Παράσχος, 1980

ίδιος θα μπορούσε να γίνει καλλιτέχνης ήταν καινούρια και αναπάντεχη. Να ήταν άραγε η εγγραφή του στο Κολέγιο του Λιντς η θαυματουργή καμπή; Όχι ακριβώς. Βρέθηκε στο μάθημα Σχεδίου του Mr Heaps (έτσι τον φωνάζαμε όλοι – μίστερ Χηπς), ενός αβρού, ειλικρινούς κυρίου που ήξερε ότι δεν υπάρχει παρά μονάχα ένα είδος σχεδίου και ότι αυτό είχε τελειοποιηθεί από τον Ραφαήλ. Σύμφωνα με εκείνη την παράδοση, το σχέδιο ήταν είτε σωστό είτε λάθος. Αυτό σήμαινε ότι στριμωχνόσουν σε μια ομοιόμορφη τεχνοτροπία και προσδοκία, την οποία ο Στας, όπως ανακάλυψε, δεν μπορούσε με τίποτα να ενστερνιστεί.

Είναι άξιον απορίας το πώς θα είχε προχωρήσει, αν δεν ερχόταν ο διορισμός του Harry Thubron στη θέση του Υπεύθυνου Καλών Τεχνών στο Κολέγιο, το 1956. Μέχρι σήμερα, το όνομά του έχει απήχηση στη Βρετανία: ένας εκλεκτός, εφευρετικός, συχνά διακριτικός και λεπταίσθητος, κάποτε ανελέητος καλλιτέχνης, που ήταν ταυτόχρονα ο πιο πρωτοποριακός δάσκαλος τέχνης της εποχής του. Έχει ασκήσει απαράμιλλη επιρροή σε ολόκληρη τη Βρετανία και πέρα απ' αυτήν, αν και όχι πάντα στο δικό του πνεύμα. Είναι δύσκολο να συνοψίσουμε τη συνεισφορά του, αφού απαιτούσε ελευθερία και συνάμα πειθαρχία. Άλλοι, που είχαν την τύχη να γνωρίσουν στα πεταχτά τον Harry (όλοι τον φώναζαν Harry, και μια τέτοια οικειότητα προκαλούσε έκπληξη εκείνες τις μέρες, αλλά είναι ενδεικτική του πώς ο ίδιος αντιλαμβανόταν τον ρόλο του), και που ενθουσιάστηκαν με την εμπειρία, αποφάσισαν ότι διέθετε συγκεκριμένο σύστημα: το ονόμασαν Βασικό Μάθημα

(Basic Course) και υπέθεσαν ότι αρυόταν από το Μπάουχαους του 1920 (για το οποίο, ειρήσθω εν παρόδω, ελάχιστα ήταν γνωστά τη δεκαετία του 1950). Ο Χάρρυ συνεργάστηκε με τον Victor Pasmore για μια σειρά σύντομων μαθημάτων κατά τη διάρκεια των διακοπών. Τα μαθήματα ήταν ανοιχτά σε όλους, επαγγελματίες και ερασιτέχνες, αλλά απαιτούσαν προσήλωση. Επίσης, ο Harry έφερε στο Λιντς εκπληκτικούς ανθρώπους για να δουλέψουν μαζί του στο Κολέγιο, κυρίως τον Tom Hudson, ζωγράφο και γλύπτη που είχε ήδη κάνει εξαιρετική δουλειά με μαθητές και είχε θέσει ως απαρέγκλιτο στόχο του την ανάπτυξη νέων μεθόδων σε όλες τις βαθμίδες της καλλιτεχνικής εκπαίδευσης. (Κι εμένα με είχε φέρει ο Harry στο Κολέγιο, για να διδάξω Ιστορία της Τέχνης και να δημιουργήσω μια αξιοπρεπή βιβλιοθήκη, έτσι βρέθηκα, ως πτυχιούχος ιστορικός τέχνης, να ανακαλύπτω όχι μόνο τη μοντέρνα τέχνη, μα την ίδια την τέχνη ως μια μαγική, εσαεί αναζωογονητική ανθρώπινη δραστηριότητα. Είχα παρακολουθήσει κάποια απ' τα σεμινάρια, στα θερινά και χειμερινά σχολεία, ευελπιστώντας να αντιληφθώ καλύτερα τα τεκταινόμενα).

Ο Harry αναγνώρισε τον ποιητή που είχε μέσα του ο Στας, καθώς και το έμφυτο ταλέντο του στο σχέδιο και τη ζωγραφική, και το μόνο που του ζήτησε ήταν δουλειά, δουλειά, δουλειά: να ακολουθεί το ένστικτό του, αλλά πάντα να μαθαίνει από το ίδιο το έργο εν εξελίξει. Ενημέρωσε τους συναδέλφους του για το ειδικό καθεστώς του Στας στο στούντιο: έδωσε εντολή να μην τον ενοχλεί κανείς. Και οι συμφοιτητές του είχαν διαισθανθεί την ιδιαιτερότητά του. Μέχρι σήμερα περιγράφουν πώς ο Στας ζωγράφιζε ακατάπαυστα στη γωνιά του, στο στούντιο, λίγο απόμερα από εκείνους, αλλά πάντα δέκτης του θαυμασμού και της ειλικρινούς στοργής τους. Ταυτόχρονα, ο Στας είχε εκτεθεί στη γνώση και τον ενθουσιασμό που ευδοκιμούσε στο Κολέγιο Τέχνης, βρισκόταν σε επαφή με τη δράση των συμφοιτητών του και τα αντικείμενα διδασκαλίας, και μάθαινε όλο και πιο πολύ μέσα από συζητήσεις, διαλέξεις, επισκέψεις σε εκθέσεις στο Λιντς και εκτός, και έχοντας πρόσβαση σε μια αίφνης αναπτυσσόμενη βιβλιοθήκη βιβλίων και περιοδικών τέχνης. Σε εκείνο το

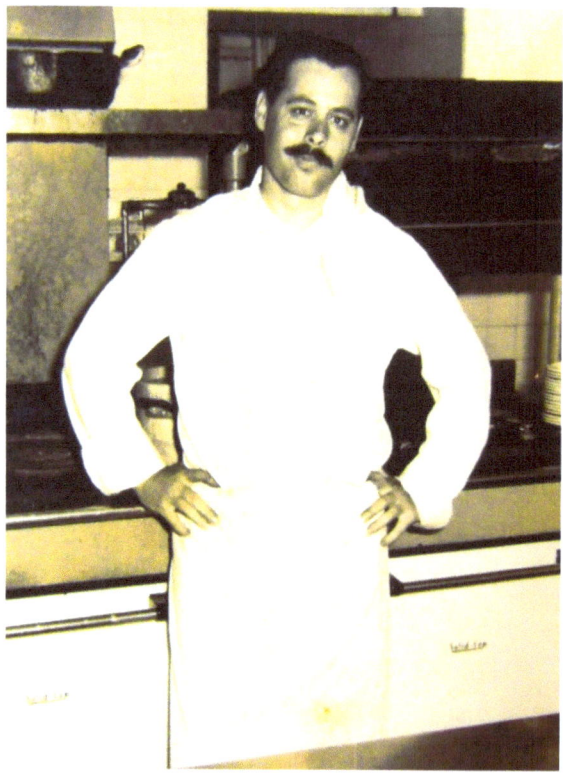

Ο Στας Παράσχος στο Λιντς, 1956

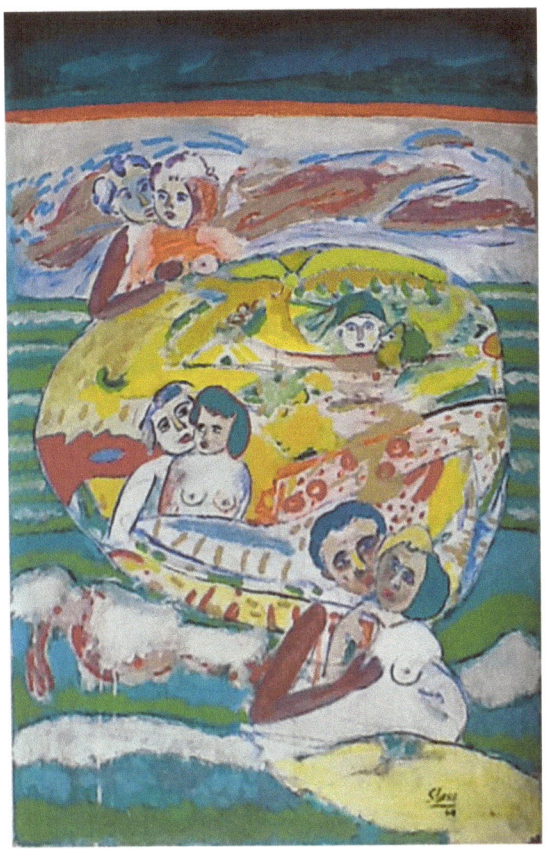

Εραστές
λάδι σε σανίδα
1960

περιβάλλον, κανείς δεν απέδιδε ρομαντική αξία στην άγνοια: το βλέμμα έπρεπε να είναι φρέσκο, αλλά όφειλες απαραίτητα να γνωρίζεις τα καλύτερα έργα τέχνης που κυκλοφορούσαν. Στη συνέχεια, ο Harry θα απέδιδε προτεραιότητα στον Βαν Γκογκ (τον οποίο πάντα αποκαλούσε «Βίνσεντ»), στον Ματίς, το κύρος του οποίου εδραιώθηκε επιτέλους μέσα από μεταθανάτιες εκθέσεις (πέθανε το 1954), και στον Πωλ Κλη. Ο Harry θαύμαζε τον Κλη, τόσο για την πεποίθησή του ότι η καλύτερη τέχνη ήταν αποκύημα έντονης συνεργασίας με τα στοιχεία και τις διεργασίες της τέχνης, όσο και για τη λεπτότητα με την οποία επεξεργαζόταν το πολυπρισματικό του έργο. Ο Στας έμαθε ότι και ο ίδιος συνέβαλλε στην αέναη μεταβολή του κόσμου της τέχνης, όπως ακριβώς είχαν κάνει αυτοί οι μοντέρνοι μετρ και όπως συνεχίζει να κάνει το έργο τους.

Τρεις εμπειρίες – η ενθάρρυνση να αναπτύξει τη δουλειά του χωρίς περιοριστικές εντολές, η διαπίστωση ότι και εκείνος και οι πίνακές του έχαιραν εκτίμησης, και η παρουσία του σε αυτό το πλαίσιο διερεύνησης και ενθουσιασμού, αλλά και στυγνής κριτικής – ο Harry μπορούσε να γίνει σκληρός αν αισθανόταν ότι οι φοιτητές έπρεπε να συγκεντρωθούν ή να ενεργοποιηθούν – αποτέλεσαν την καλύτερη δυνατή βάση. Ο Harry επιδαψίλευε επαίνους όταν γινόταν καλή δουλειά, και απολάμβανε ιδιαίτερα τα αναπάντεχα ευρήματα που προέκυπταν όταν ένας φοιτητής ενέκυπτε προσεκτικά σε μια συγκεκριμένη ιδέα. Η τέχνη δεν είναι ούτε χόμπι ούτε ευγενές κοινωνικό επίτευγμα: είναι δουλειά, που επιστρατεύει κάθε ικμάδα του είναι σου, και απαιτεί απαρέγκλιτη προσοχή. «Να έχετε τον νου σας», δίδασκε ο Harry, «και η δουλειά θα σας ανταμείψει με μαγεία».

Κατά το ειωθός, οι Σχολές Τέχνης δεν δέχονταν στους κόλπους τους άντρες και γυναίκες που δεν είχαν ολοκληρώσει συγκεκριμένες βαθμίδες εκπαίδευσης, και ο Στας δούλεψε σκληρά για να εξασφαλίσει ορισμένα από τα απαιτούμενα προσόντα εισδοχής. Ωστόσο, το Κολέγιο Τέχνης του Λιντς, χάρη σε μια εξαιρετικά φιλελεύθερη τοπική εκπαιδευτική αρχή, είχε το δικαίωμα να δεχτεί ειδικές περιπτώσεις φοιτητών που δεν πληρούσαν όλα τα κριτήρια. Πέρα απ' το ότι ο Στας εργάστηκε στο Κολέγιο για τέσσερα χρόνια ως φοιτητής, είχε επίσης προσκληθεί να διδάξει κάποιες ώρες, στο Λιντς, κι έπειτα σε άλλες Σχολές Τέχνης. Μέσα από αυτή την εξελικτική εμπειρία διδασκαλίας, και μέσα από την επίμονη αγάπη του για την Κύπρο, προέκυψε η ιδέα ίδρυσης μιας σχολής τέχνης στο νησί, ένα μέρος όπου ώριμοι ζωγράφοι θα έρχονταν από οποιοδήποτε μέρος του κόσμου, πρώτα για τους θερινούς μήνες, όπου θα μπορούσαν να εξελίξουν τη δουλειά τους σε μια νέα συνθήκη και σε επαφή με υφηγητές και συμφοιτητές, κι έπειτα ένα κολέγιο, που θα προσέφερε ολόχρονη πρόσβαση σε στούντιο και καθοδήγηση. Το Κυπριακό Κολέγιο Τέχνης, που άνοιξε τις πύλες του στην Αμμόχωστο το 1969, μεταφέρθηκε στην Πάφο το 1972, ενώ το 1978 αναζήτησε πιο ευρύχωρες εγκαταστάσεις στη γειτονική Λέμπα. Απ' εκεί και έπειτα, φιλοξενούσε μεταπτυχιακούς φοιτητές, καθώς και ανοιχτά θερινά σχολεία. Ο Στας και το Κολέγιό του είχαν και έχουν την τύχη να εισπράττουν το ενδιαφέρον και τη στήριξη του Υπουργείου Παιδείας της Κύπρου. Ένα νησί τοποθετημένο στην Ανατολική Μεσόγειο, όπου γεννήθηκε και άνθισε ο ευρωπαϊκός πολιτισμός, μα παράλληλα κοντά στην Ασία και όχι μακριά απ' την Αίγυπτο, η Κύπρος μπορεί να αποτελέσει διεθνές κέντρο. Εκείνο που ήθελε να προσφέρει ο Στας ήταν την εντόπια εμπειρία σε ένα συγκεκριμένο, πλούσιο πολιτισμικό συγκείμενο, και αυτό που ο ίδιος αποκαλεί «παράθυρο στον κόσμο».

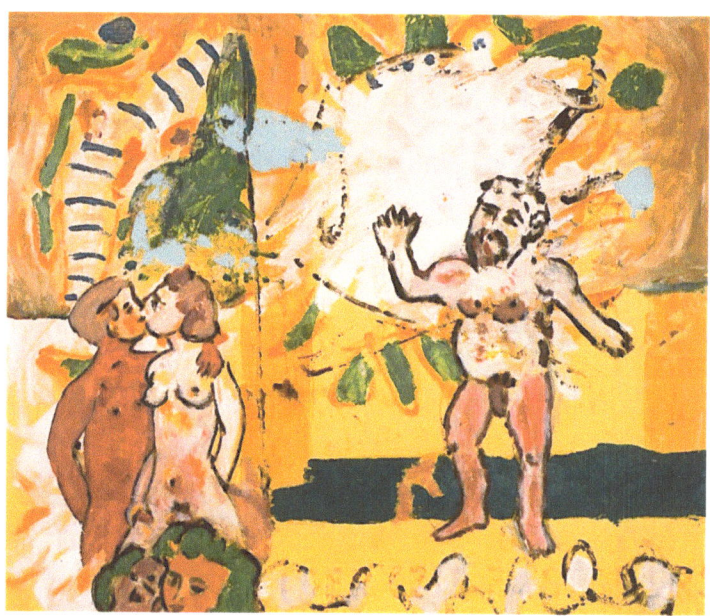

Εραστές και Ρομάντζα Α'
λάδι σε σανίδα
1966

Είναι δύσκολο να μαντέψει κανείς πόσο ταλέντο και πόσο ζήλο διέθετε ο Στας για να γίνει, από ποιμένας προβάτων, ο επικεφαλής της πρώτης Σχολής Τέχνης της Κύπρου, και να καθιερωθεί ως ένας βαθιά τερπνός ζωγράφος. Η παρουσία του στο Κολέγιο αποτελεί ενσάρκωση της ήρεμης εξουσίας του και του σεβασμού των σπουδαστών στο πρόσωπό του. Προσκάλεσε ως επισκέπτες-υφηγητές σημαντικούς καλλιτέχνες από τη Βρετανία και άλλες χώρες. Ενδεικτικό παράδειγμα, ο Terry Frost. Επιπρόσθετα, είχε σε μεγάλη εκτίμηση τους ζωγράφους που επισκέπτονταν το Κολέγιο επί μακρόν προκειμένου να εξελίξουν τη δουλειά τους εκτός έδρας, όπως ο αείμνηστος Euan Uglow. Το κράμα προσωπικοτήτων και ικανοτήτων, υποβάθρων και ηλικιών, καθώς και τεχνοτροπικών προθέσεων, προλειαίνει μια υγιή, ρευστή κατάσταση, όπου η τέχνη μπορεί να θάλλει. Το ίδιο το Κολέγιο, δηλαδή το χειροπιαστό περιβάλλον, έχει αλλάξει με τα χρόνια, μα ποτέ δεν μετατράπηκε σε γραφειοκρατικό ζουρλομανδύα. Το επιβεβαιώνει, άλλωστε, το Τείχος που περιβάλλει το Κολέγιο, καθώς αναπτύσσεται και ωριμάζει ως ένα καταπληκτικό, μόνιμο αλλά και διαρκώς μεταβαλλόμενο συνεργατικό έργο. Σ' αυτό, όμως, θα επανέλθουμε αργότερα.

Οι πίνακες του Στας έχουν εξελιχθεί μέσα απ' τα χρόνια, ως προς τον τρόπο τους και ως προς το περιεχόμενο, αν και ο ουσιαστικός τους χαρακτήρας, που είναι και δικός του χαρακτήρας,

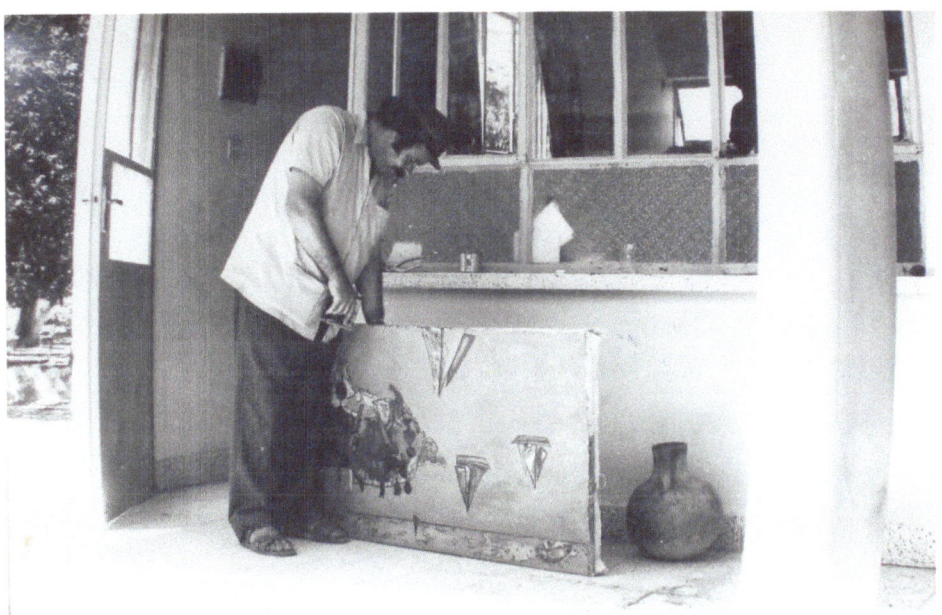

Ο Στας επί τω έργω στο Κυπριακό Κολέγιο Τέχνης (Κάτω Πάφος), 1973

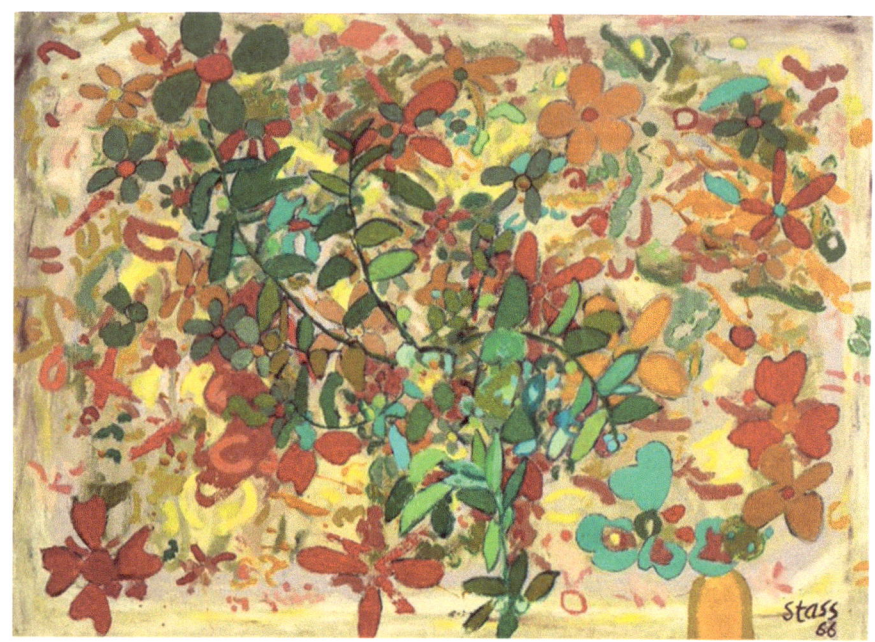

Ο Κήπος
λάδι σε καμβά
1966

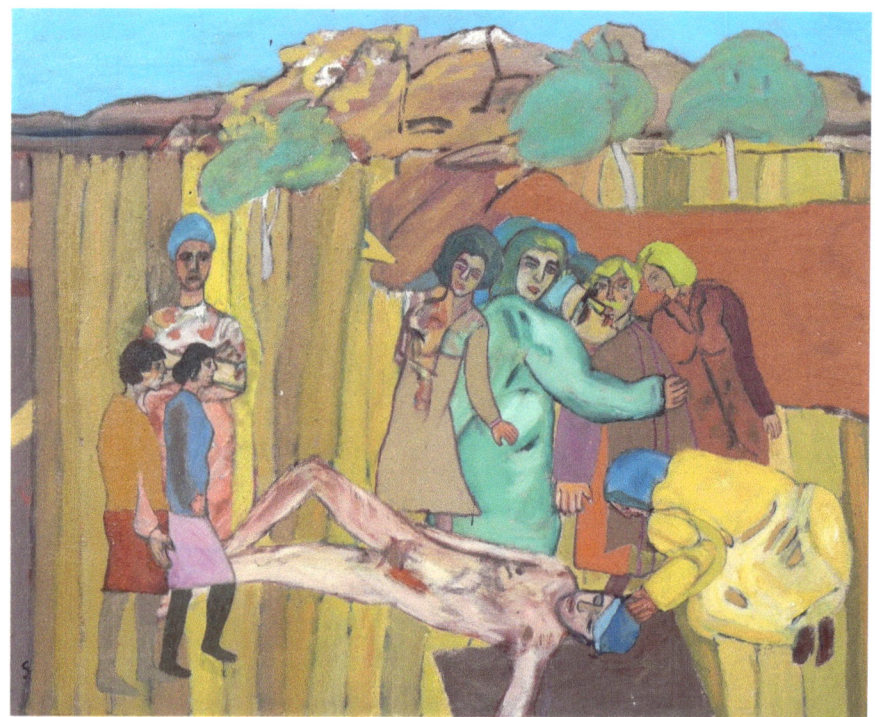

Οι νεκροί της Κύπρου
λάδι σε καμβά
1967

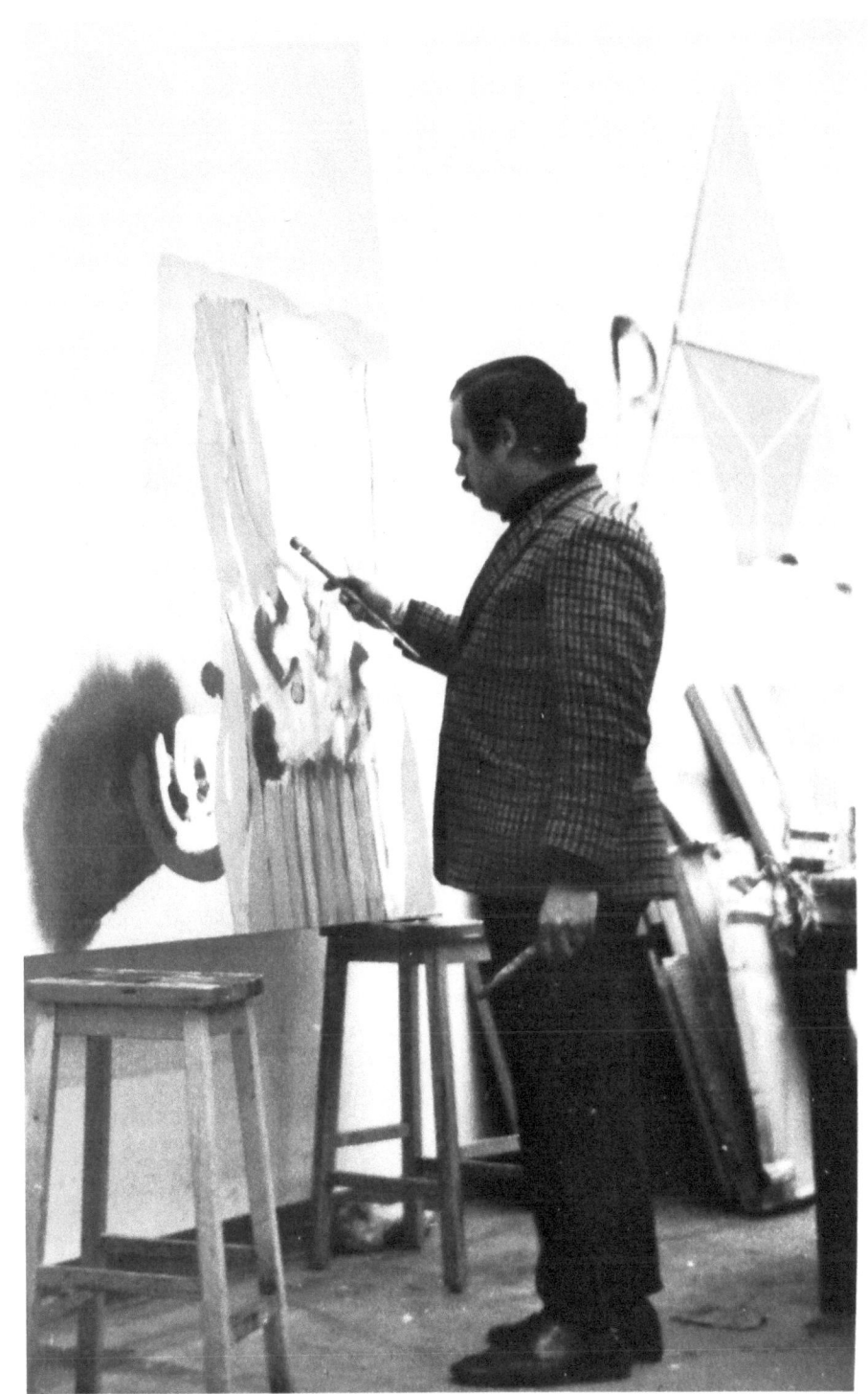

Ο Στας στο Λιντς, 1967

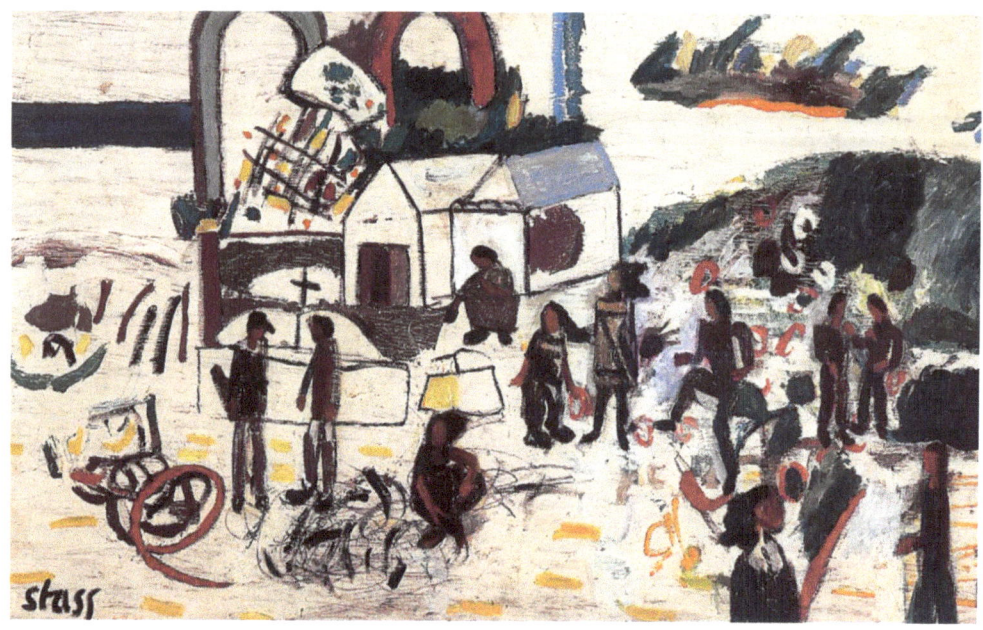

Σεντ Ιβς
λάδι σε καμβά
1959

παραμένει συνεπής. Παραλίγο να γράψω «και ως προς τη φιλοδοξία», μα εξ αρχής είχε δημιουργήσει «απλές» νεκρές φύσεις και φιγούρες καθώς και πίνακες που πραγματεύονται πιο αμφιλεγόμενα θέματα, συχνά σε μεγαλύτερη κλίμακα. Τεχνοτροπικά, μου φαίνεται, μετακινήθηκε αρκετά γρήγορα από ένα σχετικά γραφιστικό ιδίωμα σε ένα καθόλα ζωγραφικό ιδίωμα. Θέλω να πω, στα πρώιμα έργα του, μέχρι τις αρχές της δεκαετίας του 1970, ζωγράφιζε γραμμές με το πινέλο και γέμιζε τις φόρμες όπως και όπου τις χρειαζόταν, αφήνοντας, όμως, τον πίνακα ανάλαφρο, συνήθως με λευκό ή ωχρό φόντο. Από τα μέσα της δεκαετίας του 1970 κι έπειτα, ζωγραφίζει πιο θερμόαιμα, παράγοντας εικόνες που βρίθουν χρωμάτων – καμιά φορά και σκούρους πίνακες (που είναι δύσκολο να αναπαρασταθούν αποτελεσματικά) – αναπτύσσοντας καθ'οδόν ένα εικαστικό ιδίωμα που μπορεί να επικοινωνήσει κατά τρόπο λυρικό αλλά, όπου χρειάζεται, και κατά τρόπο δραματικό για να καταπιαστεί με ζοφερά θέματα. Μεγάλο μέρος της τέχνης του σχολιάζει στοργικά τις συνήθειες της ανθρωπότητας στις καθημερινές δραστηριότητες.

Όταν ο Στας παρουσίασε την πρώτη του ατομική έκθεση στο Ινστιτούτο του Λιντς, σε μια αίθουσα που κατά καιρούς φιλοξενούσε εκθέσεις (και όπου, για να φτάσεις, ανέβαινες μια απότομη σκάλα), ένας από τους γραφιστικούς του πίνακες, με τίτλο «Εραστές και Ρομάντζα», και το συναφές σχέδιο, προκάλεσαν τεράστια κατακραυγή. Πρόκειται για μικρές, ανεπιτήδευτες εικόνες για τον έρωτα. Στην κάτω αριστερή γωνία, εικονίζουν έναν άντρα και μια γυναίκα, γυμνούς, πιο πολύ ως περίγραμμα παρά ως ζωγραφιά, δίχως να αποδίδεται έμφαση στα δύο κορμιά ως χειροπιαστά αντικείμενα. Εκείνη κάθεται στην ποδιά του. Μπορούμε να διακρίνουμε δύο γραμμές που ίσως σημαίνουν την πρώτη ίντσα από το πέος του άντρα. Φιλιούνται· δεν υπάρχει ένδειξη περαιτέρω σεξουαλικής δραστηριότητας.

Πρόκειται για ανάλαφρες και λυρικές εικόνες, μάλλον ρομαντικές παρά αισθησιακές.

Δύο μαθήτριες ακούστηκαν να κρυφογελούν. Κάποιος ειδοποίησε την αστυνομία του Λιντς. Ουσιαστικά, η έκθεση ήταν ανοιχτή στο κοινό, έστω κι αν παρουσιαζόταν μέσα στο Ινστιτούτο, και εκ μέρους του παραπλήσιου Κολεγίου Τέχνης. Η αστυνομία κατέσχε τα προσβλητικά έργα, και ο Στας κατηγορήθηκε, με βάση τον Νόμο κατά της Αλητείας του 1824 και 1838 για «δημοσίευση αισχρότητας». (Δεν τέθηκε ποτέ το ερώτημα αν, στην πραγματικότητα, το Κολέγιο ήταν ένοχο για τη δημοσιοποίηση του συγκεκριμένου έργου τέχνης. Είναι πιο εύκολο να κυνηγήσεις έναν αντί πολλούς).

Η δίκη πρέπει να ήταν επώδυνη εμπειρία για εκείνον: μια παράξενη κατάσταση σε μια ξένη χώρα. Σήμερα είμαστε όλοι πιο άνετοι μ᾽ αυτά τα πράγματα, και ο κατηγορούμενος μπορεί μάλιστα να ηρωοποιηθεί από τα ΜΜΕ. Ακόμη και τότε, ο Τύπος που κάλυπτε τη δίκη, έμοιαζε ξαφνιασμένος που είχε γίνει τέτοια φασαρία: θα ασκούνταν, άραγε, μια τέτοια δίωξη στο Λονδίνο; Η δίκη πραγματοποιήθηκε ενώπιον τριών ειρηνοδικών. Για δύο μέρες, άνθρωποι που κλήθηκαν από την υπεράσπιση ως «εμπειρογνώμονες» μίλησαν για την ποιότητα και την αβλάβεια των εικόνων: ο Herbert Read, διεθνούς φήμης ποιητής, κριτικός τέχνης και παιδαγωγός. Ο καθηγητής Quentin Bell του Τμήματος Καλών Τεχνών του Πανεπιστημίου του Λιντς, εικαστικός, συγγραφέας και κριτικός. Ο John Jones, εικαστικός και κινηματογραφιστής, που δούλευε με τον Quentin Bell. Και ο υποφαινόμενος, τότε υπεύθυνος Ιστορίας της Τέχνης στη Σχολή Καλών Τεχνών Τσέλσι, στο Λονδίνο, και κριτικός τέχνης για την εφημερίδα *The Guardian*. Καταφύγαμε στην επίκληση της λογικής. Με ρώτησαν, θυμάμαι, τι θα σκεφτόμουν αν «έβλεπα κάτι τέτοιο να διαδραματίζεται έξω στον δρόμο», και προσπάθησα να εξηγήσω ότι ποίηση και τέχνη δεν ανήκαν στην ίδια πραγματικότητα όπως η καθημερινή ζωή – ότι, για παράδειγμα, όταν πεινάμε, μπορεί να πάμε σε μια καφετέρια ή σε εστιατόριο, αλλά σίγουρα όχι σε μια γκαλερί τέχνης για να φάμε μια νεκρή φύση. Κι αν βλέπαμε να σταυρώνουν κάποιον έξω στον δρόμο; Ήταν όλα χάσιμο χρόνου. Ο «κύριος Παράσκος» κρίθηκε ένοχος. Είπαν ότι οι πίνακες θα καταστρέφονταν, αλλά στην πραγματικότητα επιστράφηκαν στον Στας και του επιβλήθηκε πρόστιμο. Μικροπράγματα; Κι όμως, παραμένει εντυπωμένο στη μνήμη του.

Οι αμεσότερες συνέπειες ήταν δύο: ο επικεφαλής του Κολεγίου, Eric Taylor, φρόντισε να δοθούν στον Στας κάποιες ώρες διδασκαλίας: δύο μέρες τη βδομάδα. Ήδη από το 1963, ο Στας δίδασκε, με προϊστάμενο τον Tom Hudson, στη Σχολή Τέχνης του Λέστερ. Το ότι θα δίδασκε στο, τρόπον τινά, δικό του Κολέγιο, ήταν μια επιπρόσθετη απόδειξη του σεβασμού των άλλων, ειδικά μετά τη δίωξη. Η άλλη συνέπεια της δίκης ήταν ότι, στο Λονδίνο, είχε εγερθεί το ερώτημα των νόμων κατά της χυδαιότητας (έκτοτε έχουν τροποποιηθεί, αλλά η κατάσταση παραμένει μη ικανοποιητική, όπως οφείλει να είναι σε τέτοια ζητήματα ιδιωτικού-δημοσίου, όπου οι άνθρωποι γενικά επιθυμούν ελευθερία για τους ίδιους, αλλά συχνά αισθάνονται ότι κάποιοι άλλοι έχουν ανάγκη την προστασία της λογοκρισίας). Ο Στας έλαβε επιστολές από το Υπουργείο Εσωτερικών, υπογεγραμμένες από τον επιφανή πολιτικό Tom Driberg, ο οποίος έγραφε εκ μέρους του ακόμη πιο επιφανούς Roy Jenkins, του αείμνηστου λόρδου Τζένκινς, τότε Υπουργού Εσωτερικών επί προεδρίας Harold Wilson. Εξέφραζαν τη συμπάθειά τους προς τον Στας· δεν επρόκειτο να ξανασυμβεί κάτι τέτοιο, κι αν ο Στας ήθελε να ενημερώσει το Υπουργείο Εσωτερικών για την επόμενή του έκθεση στο Λονδίνο, ο Υπουργός θα φρόντιζε να παραστεί, και θα έφερνε μαζί του την Jennie Lee, την αξιοθαύμαστη Βουλευτή των Εργατικών, τότε Υπουργό Τεχνών. Το Ηνωμένο Βασίλειο έχει το χάρισμα να υπεκφεύγει σε θέματα όπου συγκρούονται η ηθική και ο νόμος, όμως αυτή η ξεκάθαρη ενθάρρυνση – που υπονοεί, για να μην πω ότι δηλώνει ρητά, διαφωνία με την απόφαση του δικαστηρίου – ήταν συνάμα τολμηρή και αξιέπαινη.

Ο Terry Frost ήταν υπότροφος (Gregory Fellow) στη ζωγραφική, στο Πανεπιστήμιο του Λιντς, την περίοδο 1954-6, και δραστηριοποιήθηκε στο Κολέγιο Τέχνης του Λιντς, όπου δίδαξε για τρία χρόνια μετά το πέρας της υποτροφίας. Ενθάρρυνε τον Στας να περάσει λίγο χρόνο στο Σεντ Ιβς, όπου ο Frost ήταν ηγετικό μέλος της καλούμενης Σχολής του Σεντ Ιβς, που περιλάμβανε εικαστικούς όπως οι Ben Nicholson, Barbara Hepworth, Patrick Heron, Roger Hilton, Peter Lanyon, Wilhelmina Barns-Graham και άλλοι σημαντικοί άνθρωποι. Οι περισσότεροι δημιουργούσαν αφηρημένη τέχνη, ή τέχνη αφαιρεμένη από την ορατή πραγματικότητα, συχνά μέσα από εκφραστικά ιδιώματα που αντανακλούσαν τον χώρο, τα χρώματα και τις δυναμικές του κορνουαλικού χερσαίου και θαλάσσιου τοπίου. Όπως ακριβώς το έργο του Frost είχε επηρεαστεί από την εμπειρία του στο Γιορκσάιαρ, έτσι και το έργο του Στας εμπλουτίστηκε απ' όσα ανακάλυψε ανάμεσα στους εικαστικούς του Σεντ Ιβς, όμως σημαντικό απότοκο των επισκέψεών του στη ΝΔ Αγγλία και στο συγκεκριμένο, πολύβουο δημιουργικό σκηνικό, ήταν ότι ο Στας μπόρεσε να αναγνωρίσει τον εαυτό του ως έναν απ' αυτούς, με τον δικό του χαρακτήρα, προτεραιότητες και ιδανικά μα, το δίχως άλλο, ως μέρος ενός δραστήριου, αντιδραστικού αλλά και, συχνά, καθόλα φιλικού κόσμου εικαστικών εν ζωή. Η δουλειά του προσέλαβε σθένος. Παρουσίασε σχεδόν είκοσι ατομικές εκθέσεις τη δεκαετία του 1960, και έγινε περιζήτητος ως δάσκαλος, ενώ διορίστηκε Ανώτερος Λέκτορας στη Ζωγραφική στο Κολέγιο Κάντερμπουρι, το μετέπειτα Ινστιτούτο Τέχνης του Κεντ. Μέχρι σήμερα, ο Στας είναι ευπρόσδεκτος επισκέπτης υφηγητής σε διάφορες βρετανικές σχολές τέχνης.

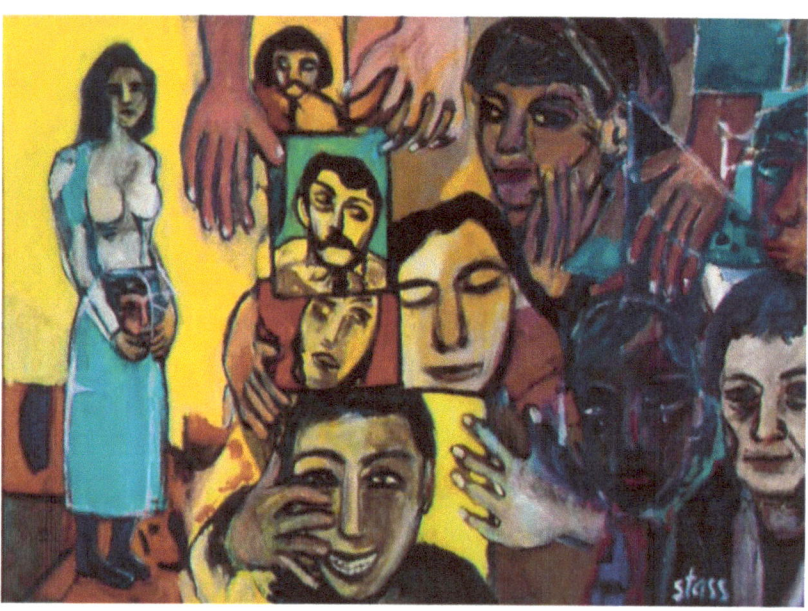

Μητέρες Αγνοουμένων, Αρ.1
λάδι σε καμβά
2001

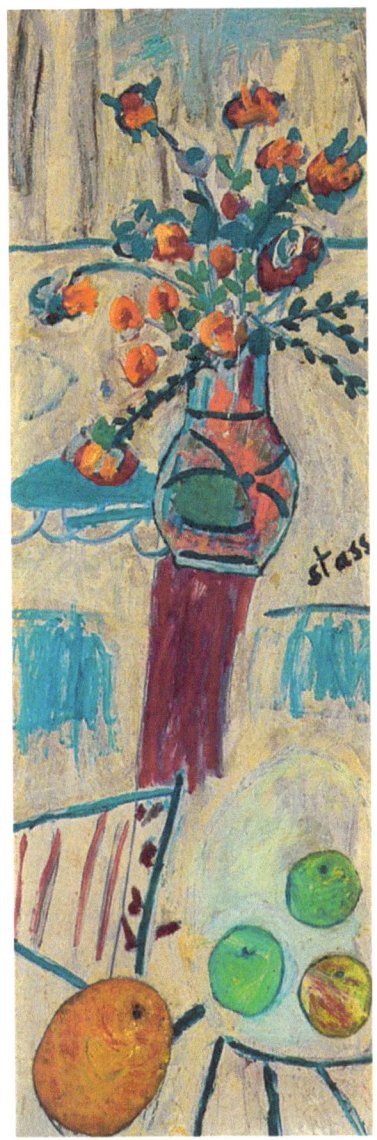

Νεκρή Φύση
λάδι σε καμβά
1960

Το 2002, ο Στας μού είπε: «Απολαμβάνω τον αντιδραστικό ρόλο. Μ' αρέσουν τα παλιομοδίτικα θέματα». Δεν φιλοτέχνησε ποτέ αφηρημένους πίνακες, αλλά κανένα απ' τα έργα του δεν είναι αμιγώς νατουραλιστικό και περιγραφικό. Όπως έχουν υποδείξει άλλοι, ο μετρ για εκείνον – ό,τι ήταν ο Ραφαήλ για τον μίστερ Χηπς και για άλλους ακαδημαϊκούς επί αιώνες – ήταν ο Γκωγκέν. Ο Γκωγκέν, αφού θήτευσε ερασιτεχνικά στον ιμπρεσιονισμό, έγινε ο μεγάλος απελευθερωτής της τέχνης. Κατάφερε να απαλλάξει την τέχνη από το προαιώνιο καθήκον τής αναπαράστασης, λιγότερο ή περισσότερο άμεσα, του ορατού κόσμου. Οι μορφές του ήταν αφαιρετικές, ακόμη κι εκείνες των ανθρώπινων όντων. Απέδωσε στο χρώμα ένταση και ποιητικότητα, ανέμειξε την αναπαραστατική μορφοποίηση με υπερπραγματικά σκηνικά, που γίνονται πιο εύκολα κατανοητά ως ένα είδος εικαστικής μουσικής. Άντλησε ιδέες από τις καλούμενες πρωτόγονες κουλτούρες, και επανεφηύρε τον εαυτό του ως συνειδητό πρωτόγονο, μεταβαίνοντας στις Νότιες Θάλασσες για να εργαστεί. Έμαθε να εκφράζει τις σκέψεις και τα συναισθήματά του μέσα από πίνακες, γλυπτά και γραφιστικά έργα, που συχνά αρύονταν από τις σκηνές που τον περιέβαλλαν, αλλά μεταμορφωμένες σε δραματικά, στην ουσία ενορατικά ταμπλώ που κόμιζαν τα όνειρα, τα οράματα και τους φόβους του. Παραμέρισε την προοπτική και την τονική διαβάθμιση που απαιτούσε ο κλασικισμός και ο ρεαλισμός, και μετακινήθηκε τόσο μακριά από κληροδοτημένες αρχές της εικονιστικής τέχνης, ώστε η δουλειά του να έχει δικαίως συνδεθεί με το πρωτοποριακό, αλλά ταυτόχρονα, και συχνά, με το κατά βάση πνευματοκρατικό, υπερβατικό λογοτεχνικό κίνημα, τον συμβολισμό, και τις παρεμφερείς εκδηλώσεις του στη μουσική και την τέχνη. Έχει προβληθεί ο ισχυρισμός ότι μεγάλο κομμάτι της μοντέρνας τέχνης αποτελεί μέρος ενός διευρυμένου συμβολισμού.

Με αυτή την πλατιά έννοια, ο Στας είναι σίγουρα συμβολιστής. Μπήκε στην τέχνη κάπως αργά, όπως και ο Γκωγκέν, και έχει εξελιχθεί σε ένα ζωγράφο που ενστερνίζεται τις παραδόσεις της κυπριακής τέχνης, δηλαδή, κυρίως, τις παραδόσεις του βυζαντινού κόσμου του Ορθόδοξου χριστιανισμού, αλλά και την ελληνική κληρονομιά της εικόνας και του λογοτεχνικού υλικού, που ανήκει στην Ανατολική Μεσόγειο. Σπουδάζοντας και δουλεύοντας στην Αγγλία επί σειρά ετών, σε μια κατάσταση που δεν του επέβαλλε συγκεκριμένη

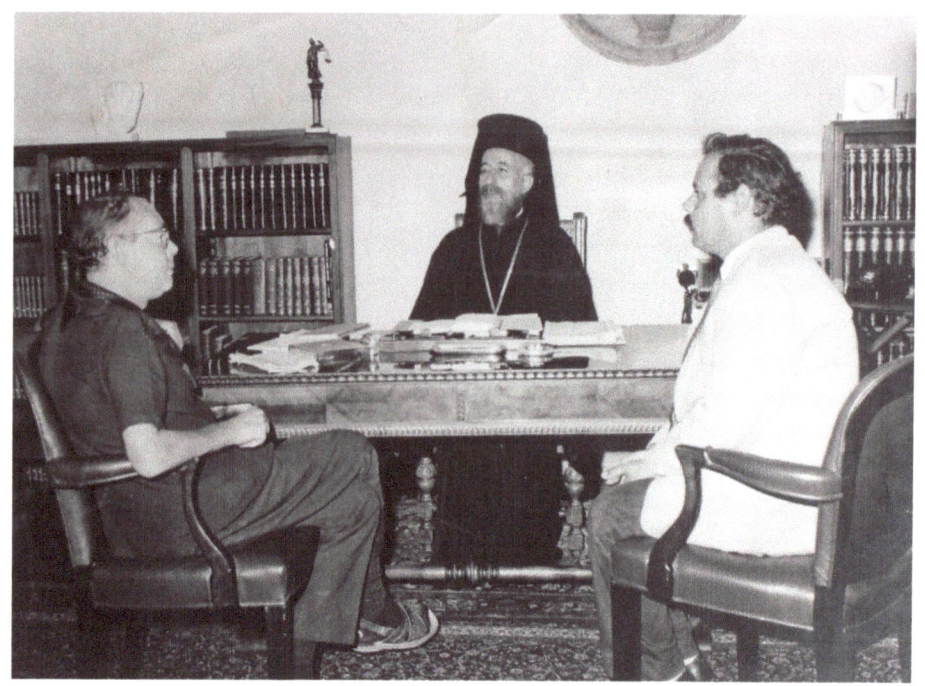

Ο Στας με τον Βρετανό ποιητή Μάρτιν Μπελλ σε συνάντηση με τον Πρόεδρο, Αρχιεπίσκοπο Μακάριο, στη Λευκωσία, το 1968, με θέμα την ίδρυση του Κυπριακού Κολεγίου Τέχνης

«Δεν τέλειωσα το λύκειο γιατί οι δικοί μου δεν είχαν λεφτά και πήγα στην Αγγλία να βρω δουλειά. Στην Αγγλία βρήκα τον [Στέλιο] Βότση που τον ήξερα από τη Λάρνακα και αυτός με εισήγαγε σε μια ομάδα φοιτητών, καλλιτεχνών, μποέμιδων. Μου άρεσε τόσο πολύ ο τρόπος που εσυμπεριφερόταν αυτή η ομάδα, η ελευθερία με την οποία μιλούσε ο ένας στον άλλο, ήθελα με κάθε τρόπο να μπω μέσα σ' αυτή την ομάδα»

ΣΤΑΣ ΠΑΡΑΣΚΟΣ

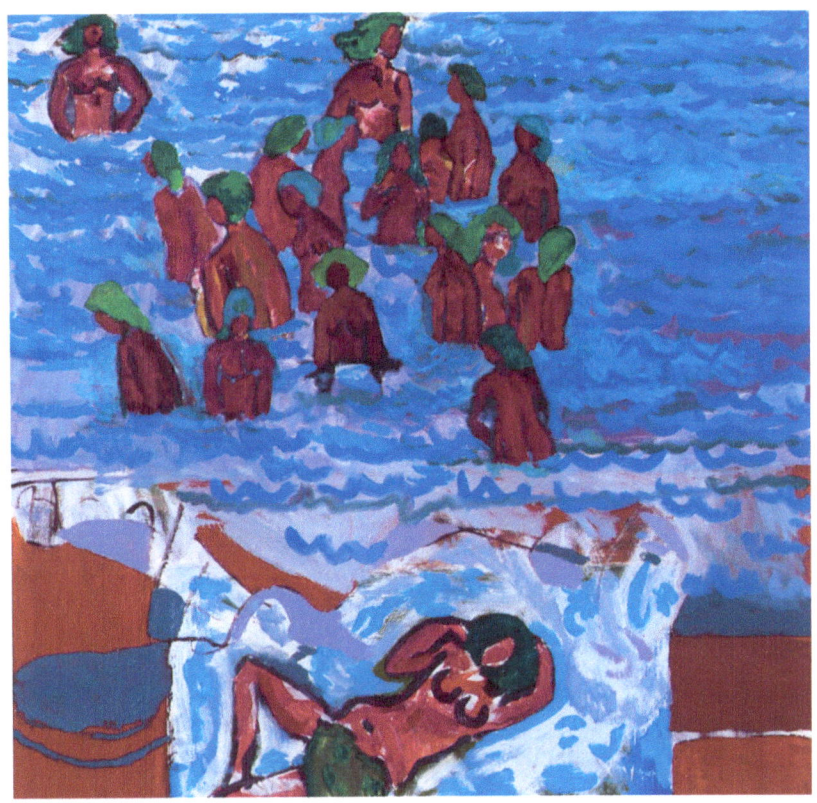

Στην Παραλία
λάδι σε σανίδα
1967 (Συλλογή Συμβουλίου Τεχνών Αγγλίας)

καλλιτεχνική μέθοδο ή γλώσσα, μπόρεσε να πατήσει γερά σε εκείνα τα κομμάτια της ευρωπαϊκής παράδοσης που απέρρεαν από τον Γκωγκέν, τον Βαν Γκογκ, και τον μεταϊμπρεσιονισμό, κι έπειτα να προσθέσει μια ιδιαίτερη πρόσληψη των Σαγκάλ και Ματίς. Ο Ματίς ήταν και παρέμεινε κατ' ουσίαν ένας Γάλλος ζωγράφος, καίτοι πλήρως ενημερωμένος για τις αξίες της ισλαμικής τέχνης, καθώς και της Ορθόδοξης αγιογραφίας. Ο Σαγκάλ, περιθωριοποιημένος στη Ρωσία ως Εβραίος, ανέπτυξε ένα είδος προσωπικού λαϊκού ιδιώματος προτού επισκεφτεί το Παρίσι και έρθει σε επαφή με τον κυβισμό. Πίσω στη Ρωσία, υποδέχτηκε ορισμένες από τις ριζοσπαστικές μορφές τέχνης που δημοσιοποιήθηκαν μετά την Επανάσταση του 1917, αλλά μέχρι το 1923 είχε ξαναγυρίσει στη Γαλλία. Ο Σαγκάλ εργάστηκε σε πολλές χώρες της Ευρώπης και της Εγγύς Ανατολής, καθώς και στις ΗΠΑ, επιστρέφοντας, όμως, πάντα στη Γαλλία. Ο Ματίς δούλεψε μόνο στη Γαλλία, παρότι ανέλαβε αναθέσεις έργων από τη Μόσχα και οι πρώτοι του συλλέκτες ήταν ως επί το πλείστον Ρώσοι και Αμερικανοί. Προερχόταν από τη μεσαία τάξη, αλλά είχε βιώσει δυσχέρειες, αν όχι την απόλυτη ένδεια. Ο Σαγκάλ, ταπεινότατης εβραϊκής καταγωγής, που χρειάστηκε ειδική χορηγία για να του επιτραπεί να σπουδάσει στην Πετρούπολη, έγινε διάσημος και πλούσιος, αλλά ποτέ δεν απέκοψε τις ρίζες του από τις εβραϊκές πολίχνες στετλ. Καμιά φορά μπορεί η τέχνη του να μας φαίνεται γλυκερή, υπερβολικά εφηβική και ονειρώδης, αλλά μεγάλο μέρος της είναι έντονα ποιητικό, με τρόπους ρωμαλέους και πρωτότυπους, είτε πραγματεύεται

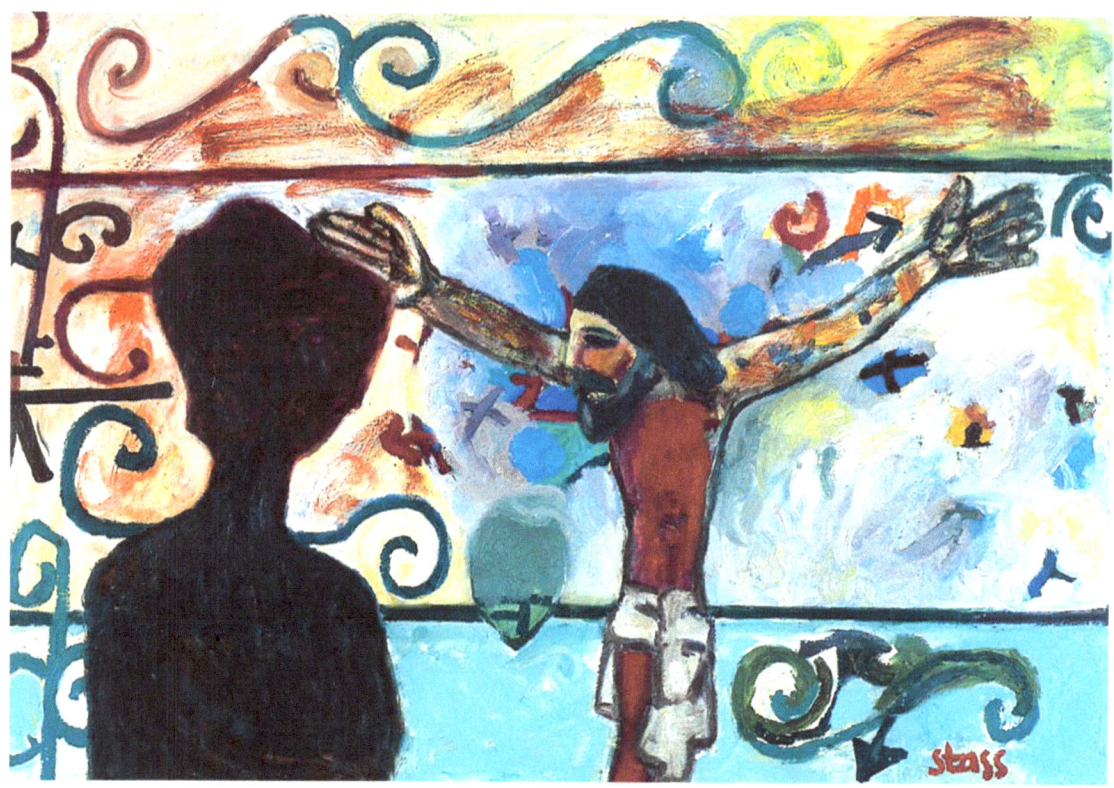

Αγωνία και Έκσταση
λάδι σε καμβά
1979 (Πολιτιστικό Κέντρο Ιδρύματος Αρχιεπισκόπου Μακαρίου Γ')

αιώνια θέματα όπως η ζωή και ο θάνατος, είτε τιμά το ρωσικό όνειρο της δημιουργίας ενός νέου, πιο ανθρώπινου κόσμου.

Φανταστείτε τον Στας, με την ταπεινή του καταγωγή, χαριτωμένα ποιμενικό στα μητροπολιτικά μας μυαλά, αλλά στην πραγματικότητα σκληραγωγημένο. Μπορεί κανείς να παραθέσει τον Ντ. Χ. Λώρενς ως το αγγλικό και αστικό του αντίστοιχο, γιο ανθρακωρύχου, που οδηγήθηκε στη μόρφωση χάρη στις φιλοδοξίες που έτρεφε για εκείνον η μητέρα του, και έγινε ένας απ' τους σπουδαιότερους μυθιστοριογράφους του 20ου αιώνα. Η μητέρα του Στας έσπρωξε τους γιους της σε οποιανδήποτε μόρφωση ήταν διαθέσιμη, και φρόντισε να γνωρίζουν πόσο σημαντική ήταν. Επιθυμούσε να προοδεύσουν στον κόσμο. Την εποχή του Λώρενς, η φήμη του ήταν εφάμιλλη της κακοφημίας του. Ακόμη κι εκείνοι που τον γνώριζαν και τον θαύμαζαν, η διανόηση τής εποχής του, ποτέ δεν αισθάνθηκαν άνετα μαζί του. Εκείνος, όμως, προκαλούσε ανοιχτά τον κόσμο, επιμένοντας να εγείρει κοινωνικά, συχνά σεξουαλικά ζητήματα, που οι αβρές κοινωνίες επιθυμούσαν να μη συζητούν: ήταν εξεγερμένος κατά των συμβάσεων της ανώτερης τάξης, και κατά της βιομηχανοποίησης, που έμοιαζε να τις ενισχύει, την ώρα που κατέπνιγε τις φυσικές επιθυμίες του ανθρώπου. Το 1929, στο Λονδίνο, η αστυνομία έβαλε λουκέτο σε έκθεση με πίνακές του. Την ίδια χρονιά, ο Λώρενς έγραψε το δοκίμιο *Πορνογραφία και Αισχρότητα*. Θεωρούσε τη δυτική κοινωνία

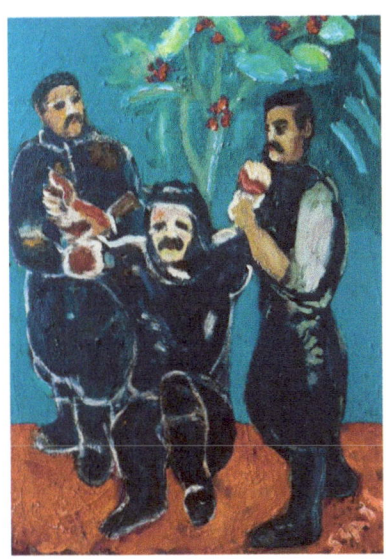

Οι Παρηγορητές του Ιώβ
λάδι σε σανίδα
1988

«ευνουχισμένη» οι πίνακες, τα μυθιστορήματα και τα διηγήματά του διακήρυτταν μια πιο αληθινή σχέση με τη φύση τού ανθρώπου, πνευματική και σωματική. Άγγλος των Κεντρικών Περιοχών (Midlands), σύχναζε στο Λονδίνο, αλλά περνούσε πολύ χρόνο στο εξωτερικό (Ιταλία, Νέο Μεξικό κ.α.), έμοιαζε με παρείσακτο καθώς και με ακοινώνητο εκκεντρικό σε όσους μπορεί να υπήρξαν επαγγελματίες συνάδελφοί του.

Ο Στας δεν είναι δημαγωγός, αλλά έχει τη δική του άποψη για τον κόσμο και καταθέτει τις απόψεις του μέσα από την τέχνη και τα γραπτά του, όπως και μέσα από τη διδασκαλία. Βιβλιοφάγος, διαβάζει ασταμάτητα, είναι στοχαστικός, κουβεντιαστής. Διαθέτει οξυδερκή γνώση των δημόσιων υποθέσεων. Έχει κληρονομήσει ένα πλούσιο παρελθόν, ζει ανάμεσα σε πολιτισμικά σπαράγματα που αναφέρονται ποικιλοτρόπως σ' αυτό το παρελθόν και, ενίοτε θαρραλέα, τείνουν προς την παγκόσμια πολιτισμική κατάσταση του παρόντος. Βρίσκεται τακτικά στην Αγγλία, αν και τώρα το κανονικό του σπίτι είναι στην Κύπρο. Οι εκθέσεις του παρουσιάστηκαν ευρέως, στη Βρετανία (περιλαμβανομένου του περιώνυμου Ινστιτούτου Σύγχρονης Τέχνης, στο Λονδίνο) καθώς και στην Κύπρο και την Ελλάδα. Ωστόσο, η δουλειά του έχει παρουσιαστεί και στη Νέα Υόρκη, στη Βραζιλία, στη Μπιενάλε του Σάο Πάολο το 1996, και στη Δανία.

Ενέχει κινδύνους, εκτός από ευκαιρίες, η προσπάθεια να συγχωνεύσεις, ή να χτίσεις γέφυρες ανάμεσα στην εξελιγμένη δυτική τέχνη – την προβεβλημένη τέχνη Ευρώπης και Αμερικής – και στις πολιτισμικές παραδόσεις άλλων χωρών, είτε πρόκειται για το Ισραήλ, την Ινδία, την Κίνα, την Κύπρο ή οποιοδήποτε άλλο μέρος. Είναι απολύτως κατανοητή η επιθυμία ένταξης στις καλοδιαφημισμένες, λαμπερές και κάποτε θαυμαστές μοντέρνες εικαστικές περιπέτειες: μπορεί να κομίσει διανοητικές καθώς και υλικές ανταμοιβές στην πατρίδα, ενώ υπαινίσσεται τη δυνατότητα διεθνούς καριέρας. Πολύ συχνά, όμως, προκύπτει ένα κόλπο, μια παντρειά με το ζόρι ανάμεσα σε μια εισαγόμενη τεχνοτροπία ή τεχνική και σε αναγνωρίσιμα τοπικά μοτίβα και ιδιώματα. Η καλή γνώση των δυτικών τρόπων, που θα σου επιτρέψει να τους υιοθετήσεις χωρίς παραποίηση, απαιτεί να τους εξερευνήσεις πέρα από τα επιφανειακά τους χαρακτηριστικά, τις τεχνοτροπίες τους, και να συνδεθείς με την παρακίνηση που τους ωθεί, δίχως να αψηφήσεις τις προσωπικές και αυτόχθονες ρίζες σου. Η σύνδεση με άλλους καλλιτέχνες και η απόσπαση από αυτούς διαδραματίζουν σημαντικό ρόλο στο έργο κάθε σοβαρού δημιουργού. Η συγκεκριμένη πρακτική μπορεί να καταυγάσει το νόημα ή να αποδώσει συγκεκριμένη έκφραση σε μέρος μιας εικόνας, ενώ η εισαγωγή ενός παράξενου στοιχείου στην τέχνη σου, της αποδίδει ιδιαίτερες εικαστικές εντάσεις, όπως ακριβώς η ενσωμάτωση αναγνωρίσιμων καθημερινών αντικειμένων σε ένα γλυπτό.

Ο Στας ανακάλυψε την τέχνη στην Αγγλία, σε ένα πλαίσιο μοναδικά ευνοϊκό και δυναμικό. Είχε, ασφαλώς, ήδη απορροφήσει ψήγματα της καλλιτεχνικής και λογοτεχνικής κληρονομιάς της Κύπρου, ειδικά την υποβλητική εκκλησιαστική τέχνη της βυζαντινής περιόδου. Αυτό

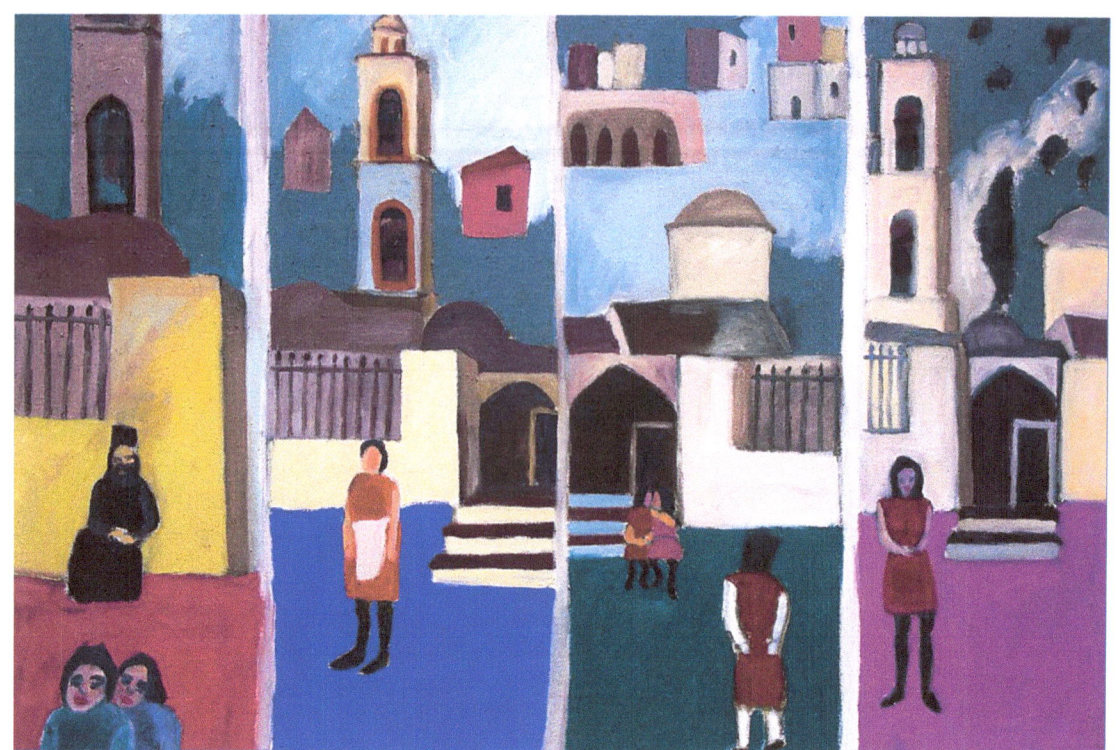

Το Χωριό
λάδι σε καμβά
1996

«Πώς μπορεί να είναι ναΐφ [αφελής] ένας ο οποίος εδίδαξε σε πανεπιστημιακό επίπεδο για τριάντα χρόνια; Δίδαξα σχεδόν σε όλα τα κολέγια της Αγγλίας. Ο τρόπος που εργάζομαι είναι ο τρόπος που μου ταιριάζει, είναι προσωπικός, δεν είναι όμως ναΐφ»

ΣΤΑΣ ΠΑΡΑΣΚΟΣ

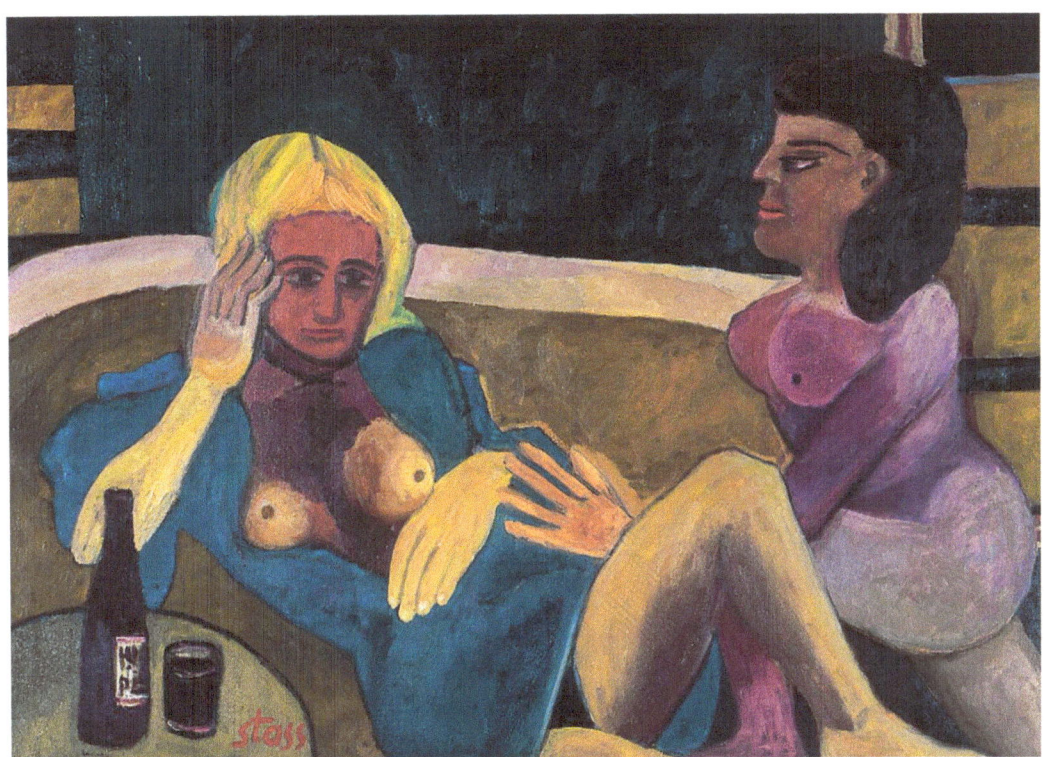

Κρασί και Συμπάθεια
λάδι σε καμβά
1990

από μόνο του τον προετοίμασε να ανακαλύψει τον Γκωγκέν και τον Ματίς. Δεν υπήρχε κάτι που θα έπρεπε να αποβάλει ως προς την πρακτική της σύγχρονης τέχνης, καμία ανώριμη προσήλωση να απεκδυθεί. Ενθαρρύνθηκε να ανακαλύψει τον εαυτό του ως καλλιτέχνη, χωρίς προϊδεασμούς. Επωφελήθηκε από την καθοδήγηση και τα ερεθίσματα ώριμων, ανοιχτόμυαλων ζωγράφων και από ένα περιβάλλον ευσυνείδητων φοιτητών.

Σήμερα είναι ένας καλλιτέχνης με αθόρυβη αυτοπεποίθηση. Τα έργα του παρουσιάζονται τακτικά σε εκθέσεις, ενώ τα ζητούν όλο και περισσότεροι συλλέκτες, θεσμικοί και ιδιώτες. Είναι έργα με σιγουριά, δίχως την παραμικρή μονοτονία θέματος ή τρόπου. Παρότι διαθέτουν χαρακτηριστικά που με τον καιρό μαθαίνεις να απολαμβάνεις και να αναγνωρίζεις, δεν διαλαλούν καμία εμπορική ταυτότητα. Αυτό το αποδεικνύει ακόμη και μια φευγαλέα περιδιάβαση του έργου του, αποκαλύπτοντας συνάμα τις σταθερές που καθιστούν την τέχνη του δική του, όποια κι αν είναι η περίσταση ή η ώθηση πίσω από το εκάστοτε έργο. Ζωγραφίζει και σχεδιάζει όπως κάνει εδώ και περισσότερο από τέσσερις δεκαετίες· πιο πρόσφατα, φιλοτέχνησε και παρουσίασε γλυπτά.

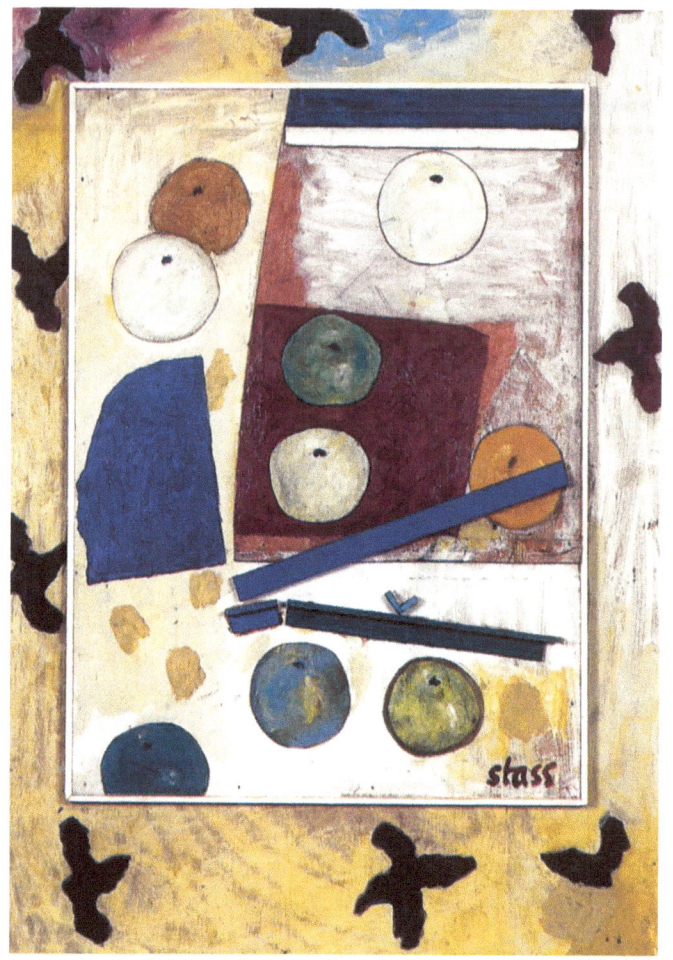

Φόρος Τιμής στον Μπεν Νίκολσον
μεικτή τεχνική
1962

«Δεν αμφισβητώ τη σοβαρότητα των μεγάλων κονσεπτουαλιστών. Αλλά η τοπική σκηνή στην τέχνη έγινε πολύ διανοητική. Για μένα η ζωγραφική δεν είναι κατ' ανάγκη διανοητική, είναι μνήμη της ποιητικής έκφρασης, του αισθήματος»

ΣΤΑΣ ΠΑΡΑΣΚΟΣ

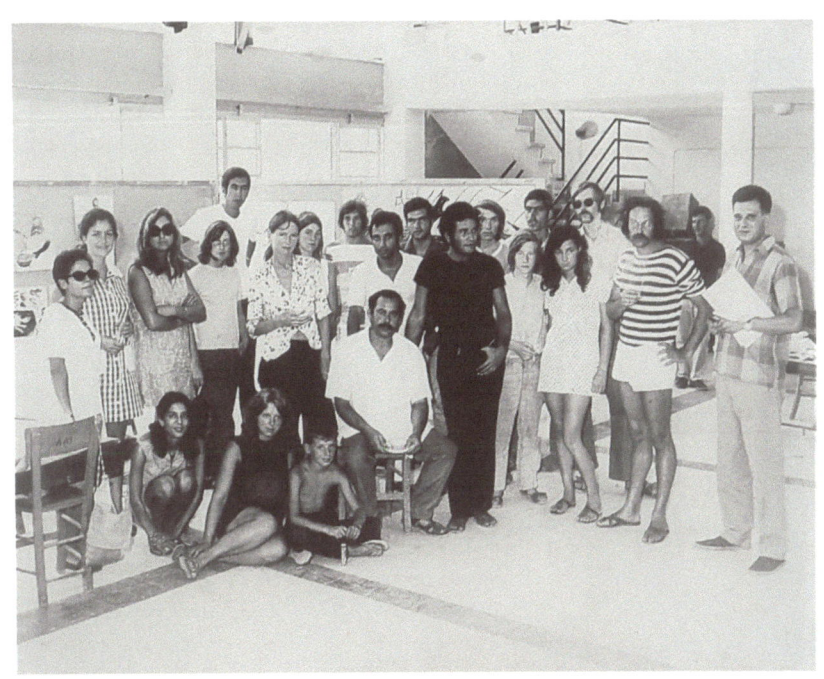

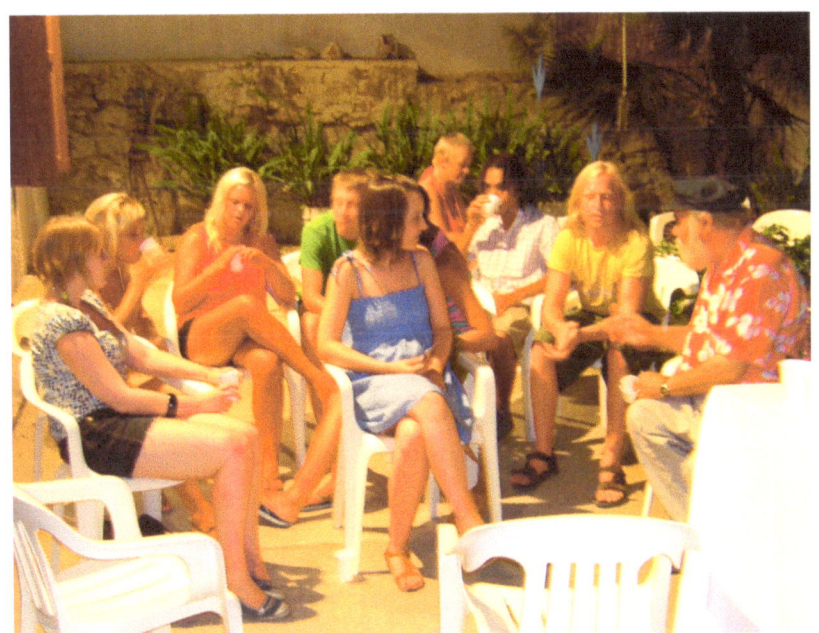

Ο Στας επί τω έργω στο Κυπριακό Κολέγιο Τέχνης, 1969 και 2007

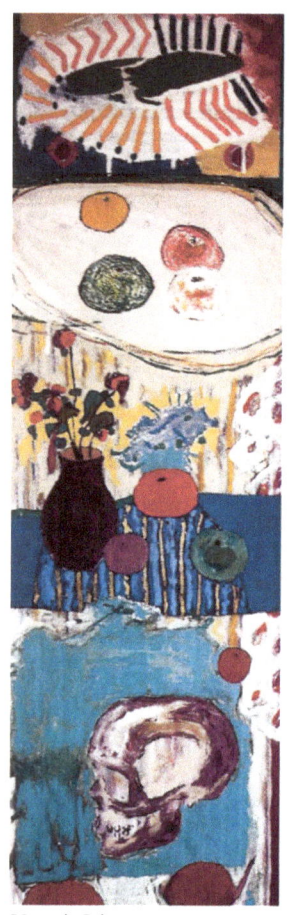

Νεκρή Φύση με Κρανίο
λάδι σε σανίδα
1960

Ο Στας ανέκαθεν κατέστρεφε πολλά έργα του. Ορισμένα τα χάριζε ή απλώς έχανε τα ίχνη τους. Ταυτόχρονα, αυτό που κάνει φαίνεται τόσο εύκολο, περίπου όπως η περίφημη ανώνυμη παιδική ρήση: «Πρώτα σκέφτομαι, κι έπειτα ζωγραφίζω μια γραμμή γύρω απ' τη σκέψη». Θέλει η δουλειά του να δείχνει φυσική, παρορμητική. Και πολύ συχνά είναι, παρόλο που η εμπειρία και η γνώση διαδραματίζουν μεγαλύτερο ρόλο απ' ό,τι αντιλαμβάνεται κανείς με την πρώτη ματιά. Η αυτοκριτική του αποκαλύπτεται όταν τον πετύχουμε να επεξεργάζεται εκ νέου πίνακές του. Το έργο «Κρασί και Συμπάθεια» (1990, 75 x 100 εκ.) είναι ένας δυνατός πίνακας, που εικονίζει μια σκυθρωπή, μισοντυμένη γυναίκα, την οποία παρηγορεί μια άλλη, γυμνή γυναίκα. Πρότερη φωτογραφία δείχνει ότι ο Στας έχει προσαρμόσει τα χρώματα του γυμνού, το κεφάλι και το δεξί χέρι της φίλης της. Είναι ένας από τους πίνακες όπου, παρά την αμεσότητα, την έλλειψη ακαδημαϊκής εξιδανίκευσης, διαισθανόμαστε να υποβόσκει κλασικισμός και μνημειακότητα. Αυτό το στοιχείο ενυπήρχε ήδη στην πρωτότυπη εκδοχή. Ξαναδουλεμένο, γίνεται πολύ πιο έντονο. Θα παραθέσω ένα μόνο παράδειγμα της τακτικής σχέσης αμφισβήτησης που διατηρεί με την τέχνη του: ζωγραφίζει σχεδόν κάθε μέρα, και επί μακρόν, ακολουθώντας τη διαίσθησή του αλλά και με αισθαντικότητα, που οξύνθηκε έπειτα από χρόνια επαγγελματικής πρακτικής, κι όμως μελετά προσεκτικά αυτό που έχει κάνει και απορρίπτει ή αλλοιώνει τις εικόνες ανάλογα με το αν ανταποκρίνονται στα πρότυπά του. Όταν λέω «πρότυπα» δεν εννοώ προσκόλληση σε συγκεκριμένο τύπο. Το θέμα είναι εάν η εικόνα που έχει δημιουργήσει ενέχει το νόημα και την επίδραση που επεδίωκε. Ορισμένοι από τους πίνακές του αποτελούν μέρος σειράς, άρα για κάποιο χρονικό διάστημα μπορεί να ζωγραφίζει διαδοχικά νεκρές φύσεις παρόμοιας μορφής και χαρακτήρα. Παρατηρούμε την οικογενειακή συγγένεια: για εκείνον, αποτελούν διαφορετικές επιδρομές επί του ιδίου εδάφους. Γενικά, όμως, οι πίνακές του δεν εντάσσονται σε σειρές, και οι θεματικές αλλαγές φέρνουν συχνά αλλαγές στην παρουσίαση, χωρίς απώλεια προσωπικότητας.

Από τους πρώτους πίνακες του Στας που έχουμε υπόψη είναι ένα μάλλον μεγάλο έργο, το οποίο απλά ονομάζει Σεντ Ίβς (1959, 62 x 104 εκ.), και διαθέτει κάτι από τον γραφιστικό τρόπο στον οποίο έχω αναφερθεί: μεταχειρίζεται ανοιχτόχρωμο φόντο και ορισμένα από τα μοτίβα του αποδίδονται κυρίως με γραμμές. Παρότι υπάρχουν περιοχές (φύλλωμα, ύψωμα, ένα νησί σε ωχρή θάλασσα) όπου φαίνεται να χρησιμοποιεί το πινέλο και τα χρώματα ελεύθερα και ομολογουμένως θεσπέσια, η βασική εντύπωση προέρχεται από τα σκούρα αντικείμενα (φιγούρες, τόξα, αποβάθρα) τοποθετημένα κόντρα στο φως. Κι αυτό είναι πολύ αποτελεσματικό, ειδικά επειδή μεταφέρει μια πολύπλοκη σκηνή χωρίς άχθος. Δεν ξέρω πού έμαθε να κάνει αυτό το πράγμα: ενδεχομένως να το ανέπτυξε χωρίς εξωτερικό ερέθισμα, παρόλο που θυμάμαι ότι, κατά καιρούς, στους πίνακες που δημιούργησε τη δεκαετία του

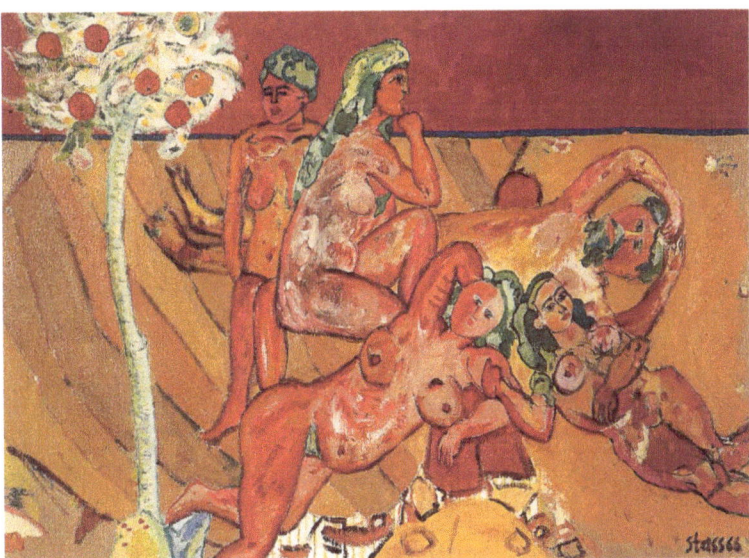

Ένας Άλλος Κόσμος
λάδι σε καμβά
1966

1950, ο Harry Thubron απέδιδε την κυριαρχία στο λευκό, ενώ τα αφηρημένα τοπία του Γιορκσάιαρ, που φιλοτέχνησε ο Terry Frost εκείνα τα χρόνια, κυμαίνονταν μεταξύ έργων με δυνατά, αντιθετικά χρώματα και έργων όπου κυριαρχούσε το λευκό όταν αντανακλούσαν το χιονισμένο Γουάρφερντέϊλ.

Πάντως, είναι πιθανό να γνώρισε τους λευκούς πίνακες του Βέλγου μεταϊμπρεσιονιστή Τζέιμς Ένσορ, μέσα από εικονογραφήσεις. Εκείνη την εποχή, δεν γνώριζαν πολλοί τον Ένσορ, αλλά πρόκειται για καθηλωτικές, αξιομνημόνευτες εικόνες, συχνά αιχμηρές και ανησυχαστικές, παρά την αρχική αύρα αθωότητας. Κάτι παρόμοιο υφέρπει ανά πάσα στιγμή στην τέχνη του Στας: θέλει να την συναντήσουμε χωρίς ιδιαίτερη προπαίδεια και να την εισπράξουμε ως ενστικτώδεις, σχεδόν πρωτόγονες δηλώσεις. Ταυτόχρονα, όσο την γνωρίζουμε, τόσο πιο πολύ οφείλουμε να δεχτούμε ότι ο Στας είναι ένας ενημερωμένος ζωγράφος ο οποίος ξέρει σε ποια σημεία μπορεί να αντλήσει στήριξη από ομότεχνούς του. Κατ' ακρίβειαν, ένας από τους πρώτους του πίνακες τιτλοφορείται «Φόρος Τιμής στον Μπεν Νίκολσον» (1962, 88 x 64 εκ.). Όντως θυμίζει αμυδρά νεκρή φύση του Νίκολσον, του κορυφαίου και πλέον γνωστού ζωράφου του Σεντ Ιβς, τον οποίο ο Στας δεν συνάντησε ποτέ (ο Νίκολσον είχε φύγει απ' το Σεντ Ιβς το 1958), αλλά και τις αφηρημένες συνθέσεις του. Πρόκειται, εξάλλου, για ένα έργο εγκιβωτισμένο μέσα στο άλλο, με την έννοια ότι έχει ενσωματώσει ένα μικρότερο πίνακα, με απλή κορνίζα, σε μια μεγαλύτερη επιφάνεια, στην οποία προσθέτει ένα ζωγραφιστό διακοσμητικό περίγραμμα. Επιπρόσθετα, υπάρχουν στοιχεία κολάζ, δυσδιάστατα και τρισδιάστατα, στην εσωτερική εικόνα. Οι λεπτομέρειες αυτές αντιτάσσονται στη συνάφεια με τον Νίκολσον (εκείνος σπάνια μεταχειριζόταν κολάζ, κι όταν δούλευε τρισδιάστατα, έκοβε ή κατασκεύαζε ρηχά επίπεδα παρά να προσθέτει μεμονωμένα προεξέχοντα στοιχεία). Το ζωγραφιστό περιθώριο φέρνει την εικόνα κοντύτερα στον Ματίς, που καμιά φορά μετερχόταν αποτελεσματικά τη συγκεκριμένη τεχνική, κατά μίμηση των ισλαμικών χαλιών. Μ' αυτό τον τρόπο, ασφαλώς, επιβεβαίωνε τη ρήση του σημαντικότερου μαθητή του Γκωγκέν, Μωρίς Ντενί, από το 1890: «πίνακας... είναι

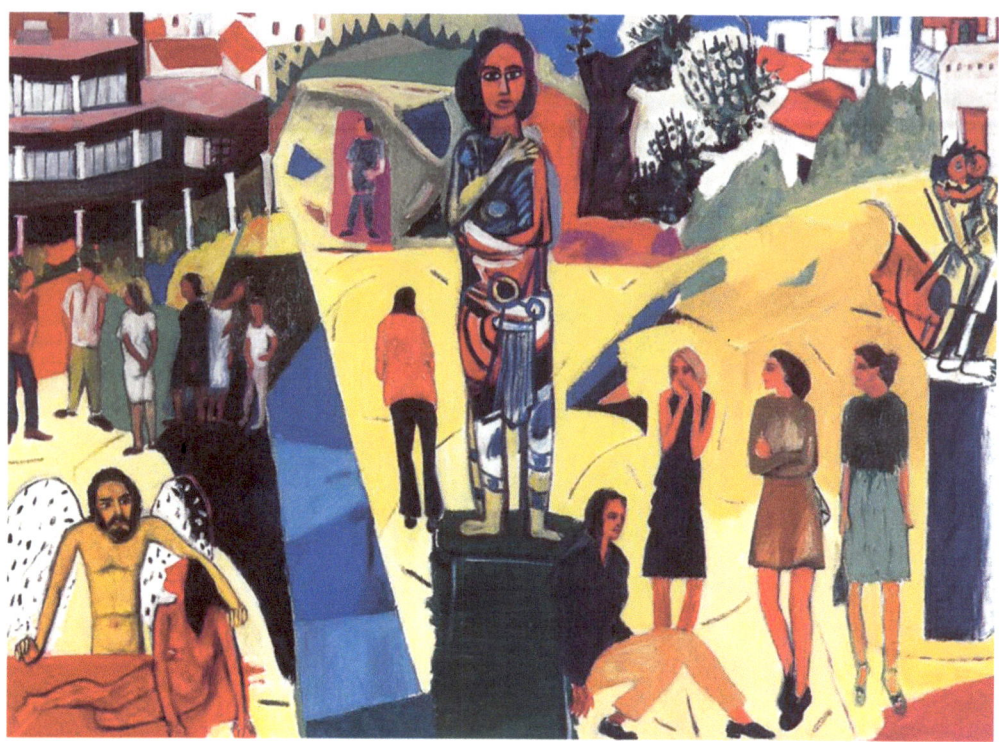

Πάρκο Γλυπτικής
λάδι σε καμβά
1996

ουσιαστικά μια επίπεδη επιφάνεια καλυμμένη με χρώματα παρατεταγμένα σε συγκεκριμένη σειρά».

Οι λευκόχρωτοι πίνακες του Ένσορ μνημονεύονται και από άλλους δύο πρώιμους πίνακες του Στας, «Νεκρή Φύση» και «Νεκρή Φύση με Κρανίο» (και οι δύο του 1960, 100 x 30 εκ. και 100 x 33 εκ. αντίστοιχα). Ο πρώτος χρησιμοποιεί τη μακρόστενη ανάπτυξη ως μία περιοχή (παρόλο που υπάρχει μια υπόνοια διαχωριστικής γραμμής στα μισά του ύψους): μήλα και ένα πορτοκάλι στο κάτω μισό, το πορτοκάλι μεγάλο και σπρωγμένο προς το μέρος μας για να δώσει σε αυτό τον κατά τα άλλα μάλλον επίπεδο πίνακα μια αίσθηση χώρου, και ένα τραπεζομάντιλο ιδωμένο από το κάτω μέρος του πίνακα σχεδόν μέχρι την κορυφή, όπου μια μη εμφατική οριζόντια γραμμή υποδηλώνει την απέναντι άκρη του τραπεζιού και αλλαγή επιπέδου προς τον τοίχο. Το υπόλευκο χρώμα του φόντου, και για τις δύο επιφάνειες, και διάφορες περιοχές και πινελιές σε χρώμα μπλε και μπλε-πράσινο, καθιστούν την εικόνα ελαφρώς παγερή, τύπου Ένσορ, παρόλο που τα φρούτα και τα λουλούδια είναι αρκετά φιλικά. Η «Νεκρή Φύση με Κρανίο» είναι πιο δραματική. Περιλαμβάνει τέσσερις, ενδεχομένως πέντε, διακριτές περιοχές, στοιβαγμένες τη μια πάνω στην άλλη, αρνούμενες κάθε αίσθηση βάθους. Σε όλες μπορούμε να διακρίνουμε φρούτα, που κατά τόπους κυριαρχούν. Στο μεσαίο τμήμα, τα μήλα στο ριγωτό τραπεζομάντιλο συνοδεύονται από δύο ανθοδοχεία. Το πλέον περίοπτο αντικείμενο στην εικόνα είναι επίσης το πιο ανησυχητικό και αναπάντεχο: το κρανίο. Παρουσιάζεται αρκετά νατουραλιστικά, σε προφίλ, στο κάτω μέρος, αναπαράσταση σε ροζ-καφέ κόντρα σε μπλε φόντο. Από την εποχή του Μεσαίωνα – όχι, όμως, στην ελληνορωμαϊκή κουλτούρα – το κρανίο χρησιμοποιείται στην τέχνη για να υπομνήσει τη θνησιμότητα, καμιά φορά ανάμεσα σε αντικείμενα που τιμούν τις χαρές της ζωής. Ο Ένσορ ζωγράφισε κάμποσες μακάβριες εικόνες με σκελετούς και άλλα φρικώδη, τόσο από προσωπική έφεση αλλά και ως ανταπόκριση στις ετήσιες καρναβαλιστικές παρελάσεις της γενέτειράς του, Βελγίου, όπου παρέλαυναν αποκρουστικά καθώς και ψυχαγωγικά θεάματα για να σηματοδοτήσουν το τέλος της τρυφηλότητας και την έναρξη της Σαρακοστής και της νηστείας.

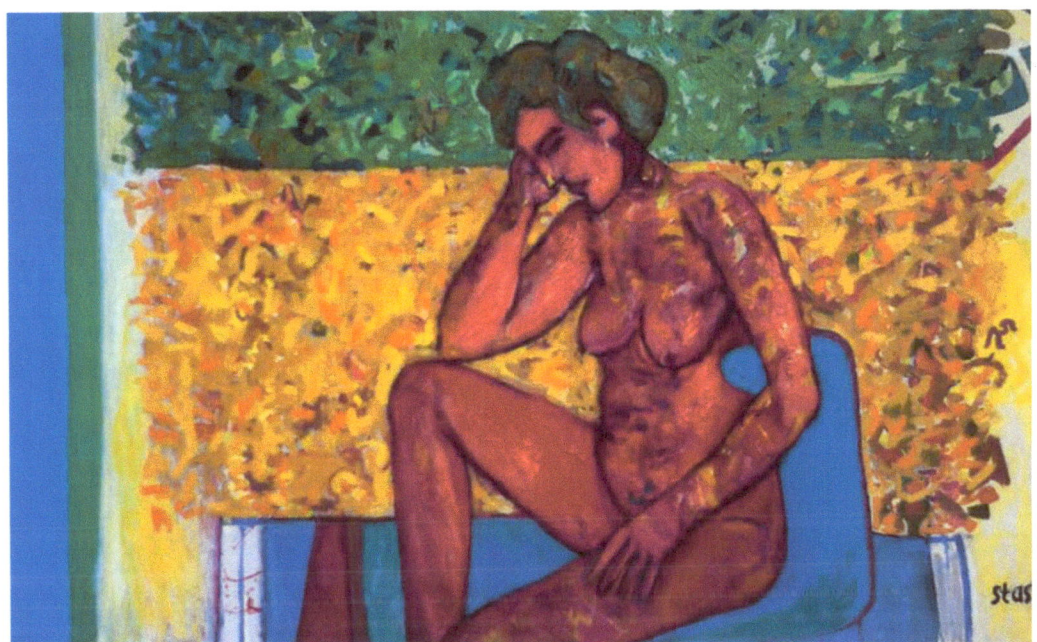

Κόκκινη Γυναίκα
λάδι σε καμβά
1972

Δύο τοπιογραφίες του 1962 συνεχίζουν τη χρήση του υπόλευκου φόντου πάνω σε σχετικά μεγάλες επιφάνειες: το καθένα έχει διαστάσεις 70 x 140 εκ., διπλό τετράγωνο. Το ένα, που ο Στας επεξεργάστηκε εκ νέου τον Οκτώβρη του 1964 (η ημερομηνία αναγράφεται στον πίνακα), ονομάζεται «Βοσκός» και περιλαμβάνει μια όρθια φιγούρα, ίσως τον νεαρό Στασίνο, ανάμεσα σε κοπάδι προβάτων, στο αριστερό μισό του πίνακα. Το υπόλοιπο αποτελείται από δέντρα, λόφους, ένα χωριό – και, πιο πέρα, τη θάλασσα και δύο ψαρόβαρκες. Τα σχετικά μεγέθη δέντρων και κτιρίων, και η ταξινόμησή τους, αποδίδουν μεγάλο προοπτικό βάθος, που τονίζεται περαιτέρω από το αναπάντεχο μπλε της θάλασσας στο πάνω μέρος. Ο άλλος πίνακας, που τιτλοφορείται απλώς «Τοπίο», διαθέτει το ίδιο λευκόχρωτο φόντο, μα πάνω του ο Στας σχεδίασε και ζωγράφισε πλήθος μορφών και αντικειμένων, κάποια απ᾽ τα οποία

28

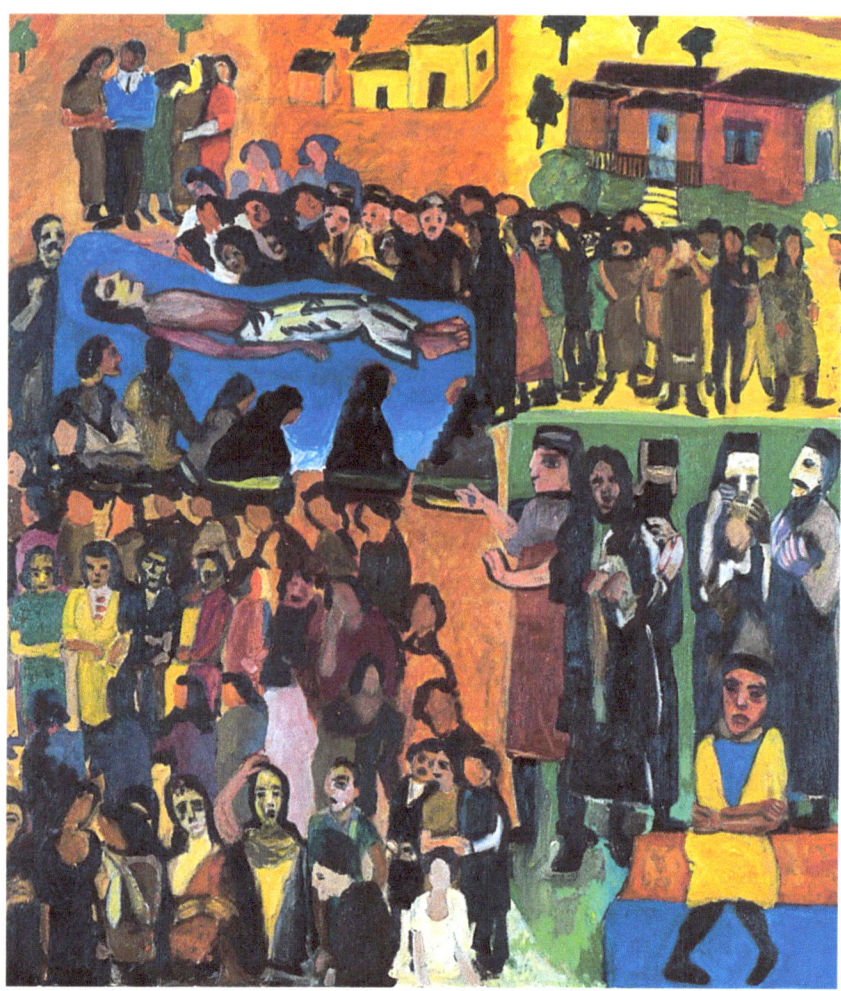

Ο Φόνος του Ανταλί
λάδι σε καμβά
1996

διαβάζονται άμεσα ως σπίτια, δέντρα και βουνά, ενώ άλλα είναι λιγότερο σαφή. Η όλη εντύπωση είναι περιέργως ονειρώδης. Όποια διαβάθμιση προοπτικής δηλώνεται από τα σχετικά μεγέθη των κτιρίων και από τις διαδοχικές γραμμές των βουνών, αντισταθμίζεται από το συνεχές ωχρό φόντο. Το έργο «Ένας Άλλος Κόσμος» (1966) είναι ζωγραφισμένο σε καμβά που, με διαστάσεις 68 x 106 εκ., πλησιάζει τη Χρυσή Τομή ως προς την προοπτική. Και αυτός ο πίνακας είναι ονειρώδης, αν και εδώ, εικάζουμε, το θέμα είναι φαντασιακό παρά ρεαλιστικό. Βλέπουμε το εσωτερικό ενός χώρου. Ένας γυμνός άντρας – ο ίδιος ο ζωγράφος; – ξαπλώνει παρέα με τέσσερις γυναίκες, οι δύο ξαπλωμένες, οι δύο καθισμένες. Όλα είναι γαλήνια και εύθυμα μια νεκρή φύση σωμάτων σε κλασικές πόζες, ζωγραφισμένες κυρίως σε πορτοκαλί και κόκκινο, με μπλε και μπλε-πράσινες αναζωογονητικές πινελιές. Τα πρόσωπα

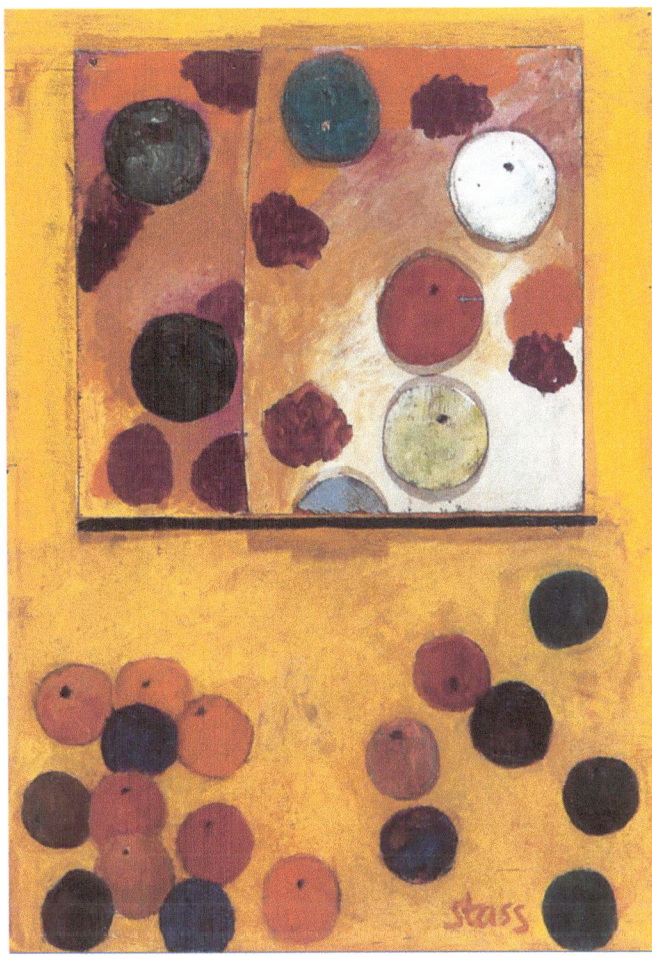

Μήλα και Σπασμένος Καθρέφτης
λάδι σε καμβά
1968

και άλλες λεπτομέρειες διαθέτουν και εδώ κάτι από τον γραφιστικό τρόπο του Στας, αλλά ο ζωγράφος μιλά ως επί το πλείστον μέσα από το χρώμα, κυρίως μέσα από την αντίθεση του κιτρινο-πορτοκαλί πατώματος και χαλιού με το ινδικό κόκκινο στον τοίχο. Αυτό ακριβώς χωρίζει την εικόνα σε δύο οριζόντιες λωρίδες. Κατά μήκος, τις διατρέχει ο λιγνός κορμός ενός οπωροφόρου δέντρου, που ναι μεν ενέχει κάτι από την ωχρότητα του Ένσορ, αλλά κατά τα άλλα βρισκόμαστε εξ ολοκλήρου στον μεταγκωγκενικό κόσμο, όπου οι πίνακες είναι η τέχνη των χρωματικών περιοχών. Υπάρχει μια αίσθηση όγκου στα σώματα, αλλά η όλη εικόνα διατηρείται επίπεδη από τις δύο δεσπόζουσες λωρίδες, που εκτείνονται από τη μια άκρη του πίνακα ως την άλλη.

Αν συγκρίνουμε αυτούς τους πρώιμους πίνακες με την πρόσφατη παραγωγή του Στας, διαπιστώνουμε προφανή αύξηση εκλέπτυνσης και ισχύος. Το «Κόκκινο Γυμνό» (2002) μοιάζει με λιτό θέμα, αλλά η αποτελεσματικότητα αυτής της λιτότητας εδράζεται σε πολλές λεπτές αποχρώσεις. Η μορφή καταλαμβάνει το μεγαλύτερο μέρος του καμβά (διπλό τετράγωνο, 50 x 100 εκ.). Αν επρόκειτο να απεικονιστεί τεντωμένη, δεν θα χωρούσε ανάμεσα στην αριστερή και τη δεξιά άκρια, όμως τα γόνατά της είναι λυγισμένα στη δεξιά, και στην αριστερή έχει ανασηκώσει το κεφάλι της, ιδωμένο σε προφίλ. Είναι μεγάλη τέχνη η τόσο οικονομική αναπαράσταση ενός τόσο περίπλοκου, και πολύτιμου αντικειμένου όπως το σώμα μιας νεαρής γυναίκας. Ο κορμός είναι τεντωμένος, αντηχώντας τα εκλεκτά γυμνά του Μοντιλιάνι, ίσως και του Ενγκρ, από τις αρχές του 19ου αιώνα. Ξαπλώνει σε κίτρινο/πορτοκαλί φόντο, που ζωηρεύει με κόκκινες κηλίδες, και υπάρχουν επιπρόσθετα κοσμητικά περάσματα πλάι στα πόδια της και πάνω από τη μέση της. Η κλίση και η κίνηση της φιγούρας υπαινίσσονται χώρο, αλλά η εικόνα προσλαμβάνεται ως επίπεδο σχέδιο. Προσδίδουν, επίσης, σε αυτό που αρχικά μοιάζει με ισχυρή διακόσμηση (μεταχειρίζομαι αυτή τη δύσκολη λέξη με την έννοια του Ματίς) ένα σχεδόν αιφνιδιαστικό βαθμό δυναμισμού.

Το έργο «Η Ειρήνευση της Τζενίν» (2002) είναι αρκετά διαφορετικό: μια δραματική συνάθροιση κεφαλών, άκρων, ένα φέρετρο, ένα κρανίο, ένας σταυρός και διάφορα αντικείμενα και όργανα, κάποια τερατώδη – όπως στο μασκοφορεμένο πρόσωπο που αντικρίζουμε πρώτο, στο κάτω μέρος, κέντρο αριστερά – πάντως, όλα αποκρουστικά εκ φύσεως ή λόγω των αποπληκτικών τους εκφράσεων. Πρόκειται για μια καθόλα αντινατουραλιστική σύνθεση: δεν πρόκειται για εξιστόρηση, αλλά για λιτανεία της καταστροφής. Το κίτρινο φόντο συνενώνει τον καμβά. Όλα τ' άλλα είναι τοποθετημένα πάνω του σαν κολάζ. Ξέρουμε, ωστόσο, ότι έχουν ζωγραφιστεί. Έχουμε επίγνωση της δράσης του πινέλου για την απόδοση έκφρασης και στιβαρότητας, χρωματικών αντιθέσεων, καθώς και γραμμών όπου χρειάζονται. Δεν πρόκειται, λοιπόν, για γραφιστική εικόνα.

«Ο θάνατος του Σπύρου Κυπριανού» (2002) είναι ένα διαφορετικό είδος πίνακα. Ο νεκρός κείτεται στο πάνω μέρος, κατά μήκος του πίνακα, μια χλωμή εικόνα. Στο κάτω μέρος, δύο τεθλιμμένοι, ο άντρας όρθιος και η γυναίκα καθιστή, ενώνονται με μια

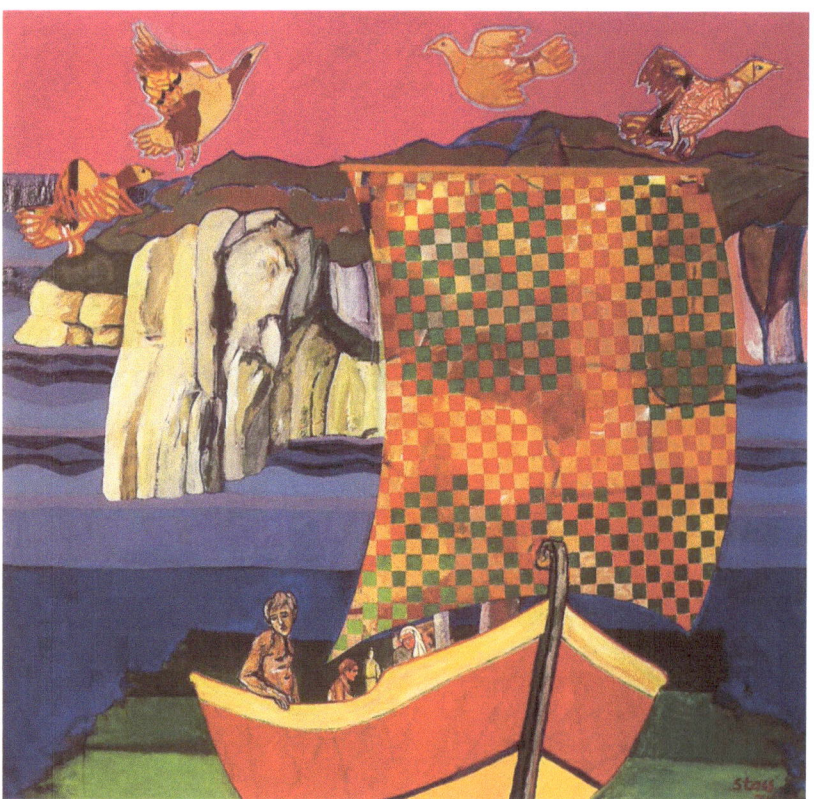

Η Ελευθερία Καταλείπει την Κύπρο
λάδι σε καμβά
1972

διακοσμητική λωρίδα, που θα μπορούσε να ήταν ταπετσαρισμένο κάθισμα. Ανάμεσά τους, σε κίτρινο φόντο, μια συστάδα φιγούρων: κάποιες κοιτούν πάνω, άλλες κάτω, ταραγμένες. Πρόκειται ευκρινώς για ευλαβική εικόνα, με οφειλές από μια πλατιά παράδοση θρησκευτικής τέχνης, που περιλαμβάνει τη βυζαντινή και αναγεννησιακή ζωγραφική, ενδεχομένως και τη δυτική μεσαιωνική γλυπτική. Η εξύψωση του νεκρού καθ' εαυτήν υπαινίσσεται Ανάληψη, και η φάλαγγα των φιγούρων στα μισά του ύψους αυτού του κάθετου σταχυολογήματος θυμίζει ιταλικά τέμπλα του 16ου ή 17ου αιώνα. Πρόκειται για μνημειακή σύνθεση, αν και όχι μεγάλης κλίμακας, που στηρίζεται από την αρχιτεκτονική της αναλογίας 2:3.

Είναι φανερό ότι η συγκεκριμένη διάταξη ικανοποιεί τον Στας. Και άλλοι πίνακες του 2002 έχουν το ίδιο μέγεθος και αναλογία, ακόμη και αν η φόρμα τους είναι λιγότερο μνημειακή και η διάθεσή τους πιο χαλαρή: ζωγράφοι και μέρος ενός μεγάλου πίνακα εικονίζονται στο έργο «Το Ατελιέ», ο Στας με φοιτητές επί τω έργω στο «Καλλιτέχνες στη Λέμπα», καλλιτέχνες που συνομιλούν και πίνουν, στο έργο «Καλλιτέχνες»· δύο κάθετοι καμβάδες, σχόλιο πάνω σε μια μοντέρνα μάστιγα, στο έργο «Τροχαία Κίνηση», όπου μια θολωτή εκκλησία, εν τη γαλήνη της, έρχεται σε ζωηρή αντίθεση με το χάος των αυτοκινήτων μπροστά της, ενώ στο «Αυτοκίνητα και Άλογα», βλέπουμε αυτοκίνητα να τρέχουν – λόγω της διαγώνιας ανάπτυξής τους – και ένα κίτρινο λειβάδι με τρία κόκκινα άλογα να βόσκουν φιλήσυχα. Ο Στας ζωγράφισε επίσης μια σειρά από νεκρές φύσεις σε καμβά του ίδιου μεγέθους, επιμένοντας στη γοητεία που του ασκεί η εξερεύνηση της ποιητικής τής φόρμας, του χρώματος και των γειτνιαστικών σχέσεων, σε ένα θέμα που ζητά μια σχετικά άμεση αναπαράσταση, μερικά συγγενικά χρώματα και τις άπειρες ευκαιρίες που προσφέρει για εναλλακτικούς εκφραστικούς ρυθμούς και διαλείμματα. Αυτά τα καινούρια έργα δεν είναι εντελώς διαφορετικά από τις μικρότερες νεκρές φύσεις που ζωγράφιζε ο Στας τη δεκαετία του 1960, συχνά σε τετράγωνες επιφάνειες. Προσηλωνόταν σε μια παράδοση που αναζωπυρώθηκε μέσα από τις νεκρές φύσεις του Σεζάν. Και για τους δύο ζωγράφους, που γεννήθηκαν με διαφορά σχεδόν ενός αιώνα, η αφή ή μη αφή των δύο μήλων, ή η ορμή άλλης μορφής, όπως το μαχαίρι (στον Σεζάν) ή τα πινέλα στο βαζάκι (Στας), είναι σημαίνουσες στιγμές εικονιστικής χορογραφίας και έκφρασης.

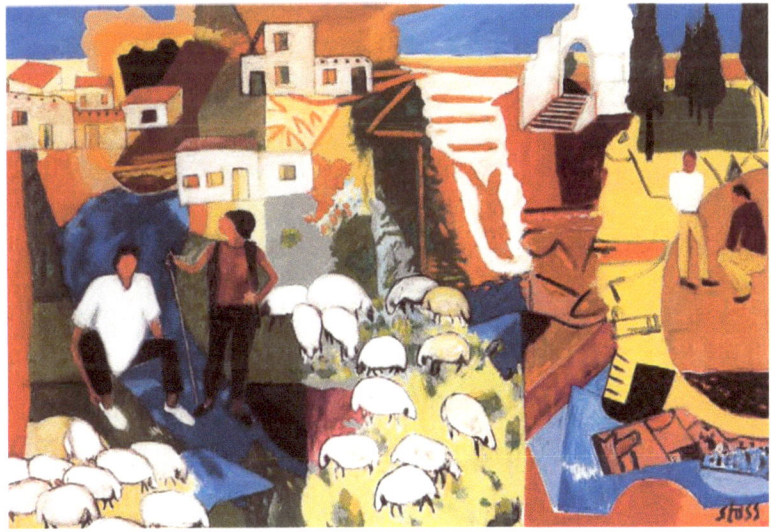

Βοσκοί
λάδι σε καμβά
1997

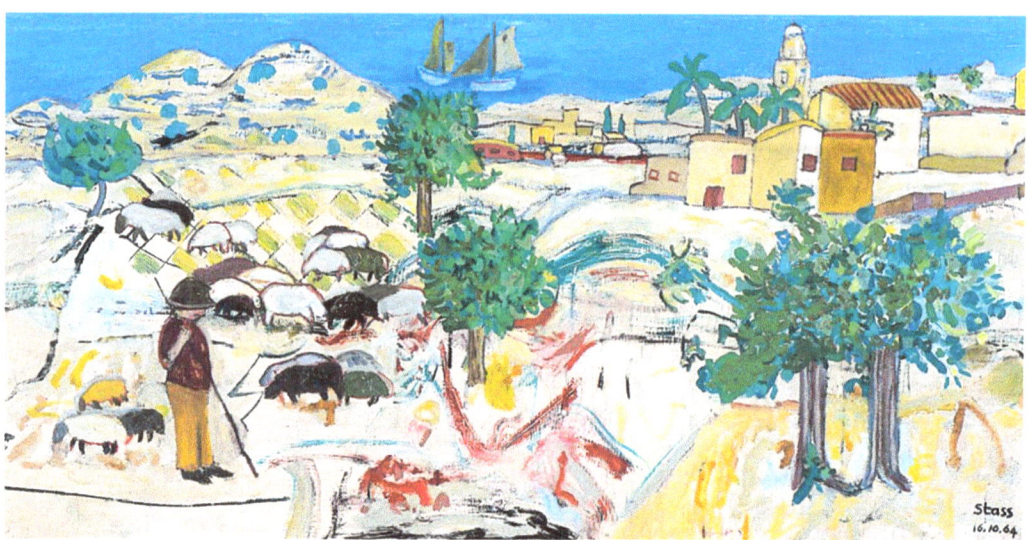

Βοσκός
λάδι σε σανίδα
1964

Κοιτώντας ορισμένους από τους διαφορετικούς τύπους των πινάκων του Στας, αντιλαμβάνεται μεν κανείς το φάσμα της δουλειάς του, αλλά ταυτόχρονα ανακαλύπτει κάτι από την παρακίνηση και τις μεθόδους του. Πρόκειται για ένα αναπάντεχα ευρύ φάσμα. Στις μέρες μας, το φυσικό είναι οι ζωγράφοι να καθιερώνονται στην αντίληψη του κοινού μέσα από την προσήλωσή τους σε έναν τύπο εικόνας, και συχνά σε ένα και μόνο θέμα. Αυτό ακριβώς ίσχυε για τους περίφημους Αφηρημένους Εξπρεσιονιστές, λόγου χάρη, ενώ ισχύει και σήμερα, είτε πρόκειται για το έργο πολυύμνητων ζωγράφων, όπως ο Λούσιαν Φρόιντ, ή αμέτρητων άλλων, εντός και εκτός των κέντρων της σύγχρονης τέχνης. Αυτό, λίγο- πολύ, ίσχυε ανέκαθεν: ο ζωγράφος Α ήταν γνωστός για τις νεκρές φύσεις του, ο ζωγράφος Β για τις τοπιογραφίες του, ο ζωγράφος Γ για τις προσωπογραφίες του: ήταν εξειδικευμένοι. Στους μοντέρνους καιρούς, ο ζωγράφος Χ είναι γνωστός για την ελεύθερη ιμπρεσιονιστική τεχνοτροπία του, ο ζωγράφος Ψ για την τραχιά, συσσωρευμένη μπογιά του και τα σημάδια της πάλης με τις εικόνες, ο ζωγράφος Ω για τη δημιουργία ωραίων ταξινομήσεων με λωρίδες και κηλίδες σε αβρά χρώματα. Εντούτοις, ορισμένοι ζωγράφοι, σε καλές και κακές περιόδους, έτειναν ανέκαθεν προς ένα ευρύτερο φάσμα σκέψης και έκφρασης – ο Ρέμπραντ, κατ᾽ εξοχήν – που εξυπακούει ποικιλία ύφους ή τεχνοτροπίας, καθώς και θεματικής. Απ᾽ την άλλη, ο Γκωγκέν στην ωριμότητά του χρησιμοποιούσε εν πολλοίς την ίδια τεχνοτροπία και περιόρισε τη δουλειά του σε ποιητικές μεταγραφές σκηνών που τον περιέβαλλαν ή που ο ίδιος έστηνε, και σε πιο ευρηματικές συνθέσεις αυτοέκφρασης, δουλεύοντας, με άλλα λόγια, σε δύο παράλληλους.

Οι νεκρές φύσεις του Στας τείνουν να έρχονται σωρηδόν και κατά διαστήματα. Υποψιάζομαι ότι στρέφεται και επιστρέφει στο συγκεκριμένο θέμα όταν δεν απαιτεί την προσοχή του κάποιος άλλος. Παρέχουν ένα είδος βάσης, οικείο έδαφος. Όπως έχει ήδη επισημανθεί, δημιούργησε διάφορες νεκρές φύσεις στα πρώτα χρόνια. Πρόσφατα ζωγράφισε μια σημαντική συστάδα. Στο μεσοδιάστημα δημιούργησε άλλες. Έχω αναφερθεί στον Σεζάν ως επιδραστικό πρόδρομο, αλλά βέβαια υπήρξαν κι άλλοι, μη εξαιρετέων των Γκωγκέν και Βαν

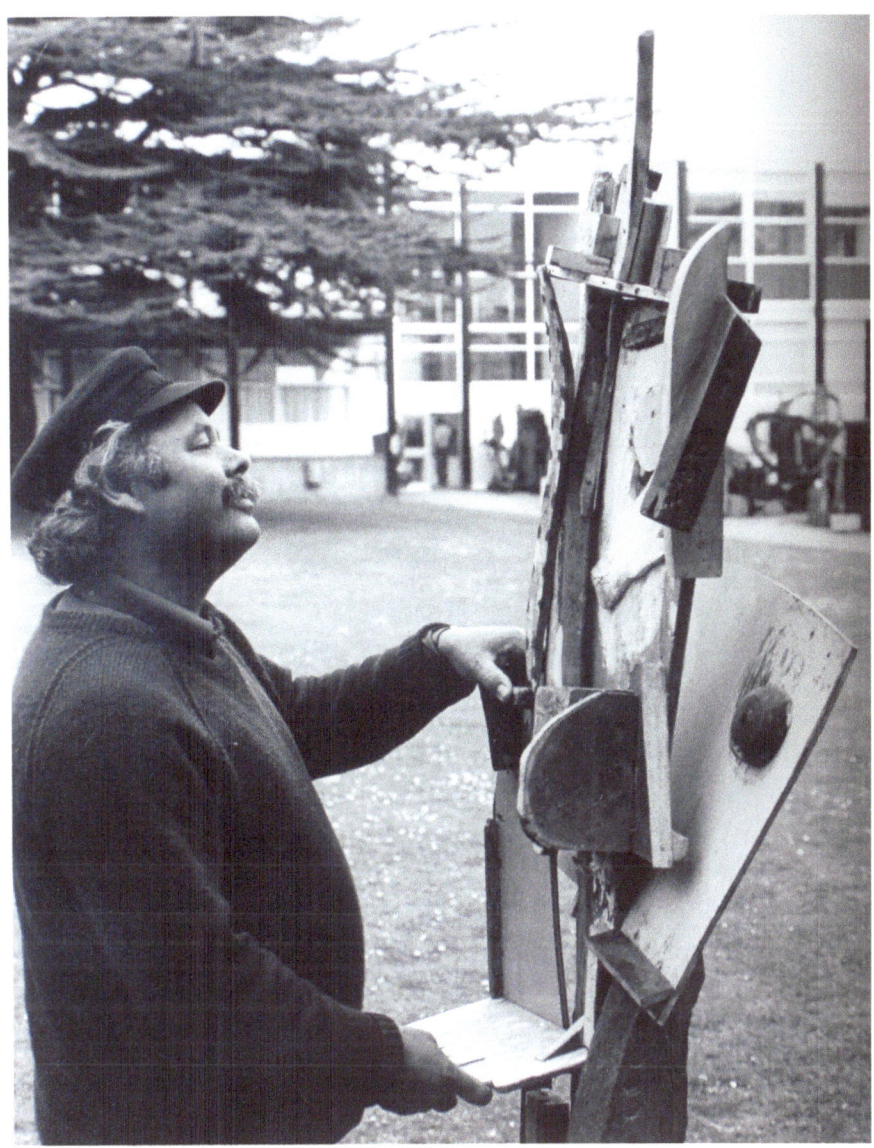

Ο Στας το 1985, στο Κολέγιο Τέχνης του Canterbury

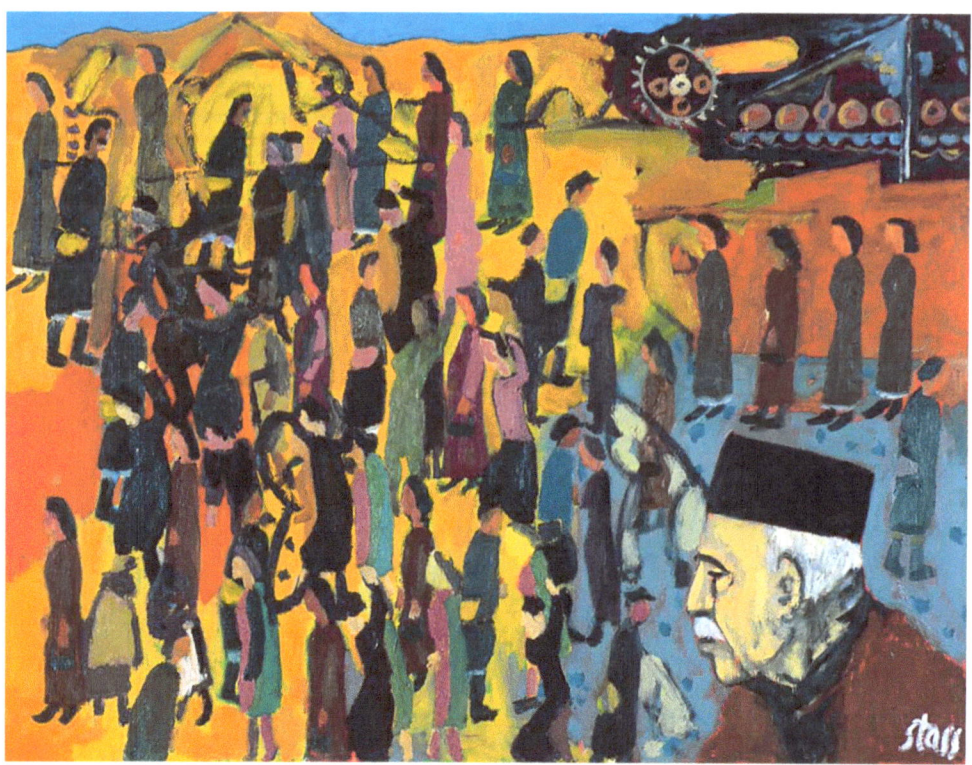

Παρακολουθώντας
λάδι σε καμβά
1996

Γκογκ, Ματίς, Πικάσο, και πολλών άλλων μοντέρνων ζωγράφων. Η νεκρή φύση είναι χειροπιαστό θέμα, και εύκολα προσπελάσιμο: ο καθένας μπορεί να φανταστεί ότι ταξινομεί μια ομάδα αντικειμένων, τα σχεδιάζει και τα ζωγραφίζει. Κατ' ακρίβειαν, αυτή είναι η πεπατημένη οδός του ερασιτέχνη ζωγράφου προς την τέχνη. Η νεκρή φύση, παρόλο που μπορεί να φαίνεται φυσική και άμεση, είναι, εκτός από θέμα, και μια μορφή ζωγραφικής τέχνης. Και αυτό το γνωρίζει ο επαγγελματίας ζωγράφος. Ξέρει ότι ζωγραφίζοντας μια ομάδα αντικειμένων πάνω στο τραπέζι προσθέτει σε μια παράδοση που είναι συνάμα ταπεινή αλλά και ένδοξη. Δεν είναι μόνος του, και παρόλο που οι νεκρές φύσεις είναι ξεκάθαρα δικά του δημιουργήματα, εισάγει τη δουλειά του σε ένα ιστορικό πλέγμα με νεκρές φύσεις. Πολύ πιο αμυδρά, εμείς που ορώμεν την τέχνη, διαθέτοντας μια ταπεινή τράπεζα μνήμης καλλιτεχνικής εικονοποιίας, το γνωρίζουμε και επωφελούμαστε.

Συζητώντας τους πρώτους του πίνακες, σημείωσα ότι από τότε ο Στας μετέρχεται διάφορες μεθόδους, που περιλαμβάνουν και τις διαστάσεις των έργων του, ενώ, στο έργο «Φόρος Τιμής στον Μπεν Νίκολσον», είναι πρόθυμος να αναγνωρίσει την οφειλή του. Οι νεκρές φύσεις που δημιουργεί τη δεκαετία του 1960 είναι ως επί το πλείστον αρκετά απλές. Συχνά εμφανίζονται πάνω σε μικρές, τετράγωνες επιφάνειες, εξήντα επί εξήντα εκατοστά, και εικονίζουν λιγοστά μήλα διαφόρων χρωμάτων, σε μια επιφάνεια που μπορεί να περιλαμβάνει ένα τσαλακωμένο τραπεζομάντιλο ή μια πετσέτα. Κάποιες φορές, ακολουθώντας την παράδοση του Γκωγκέν, σχηματίζει ένα-ένα τα μήλα, ακροθιγώς ή πιο αποφασιστικά. Το σχέδιο τονίζει την ατομικότητά τους, και ταυτόχρονα αναπαριστά τη δράση με κενά, σημεία επαφής και αλληλεπικαλύψεις. Κάποτε, μάλιστα, μπορεί να φέρουν σεξουαλικούς συνειρμούς. Συχνά, φαίνεται να τίθεται το ερώτημα «να αγγίξεις ή να μην αγγίξεις;» αλλά ποτέ δεν είναι το μοναδικό: μήλα σε συστάδες απέναντι σε μεμονωμένα μήλα, ζωηρόχρωμα μήλα απέναντι σε σκούρα, σχετικά μεγέθη. Πάνω απ' όλα, η ομαδοποίηση που επηρεάζει τον σύνολο χαρακτήρα της σύνθεσης, ακόμη και αν είναι μάλλον μικρή. Κατά καιρούς, όπως συμβαίνει με τον «Φόρο τιμής...», ο Στας θα εντάξει τον θεατή σε ένα παιχνίδι, ένα παζλ. Έχει τοποθετήσει έναν πίνακα σε μεγαλύτερη επιφάνεια, δημιουργώντας μια εγκιβωτισμένη εικόνα, και πρόσθεσε στοιχεία κολάζ στον αυθεντικό πίνακα. Δημιουργεί, έτσι, μια νεκρή φύση με μήλα, τοποθετημένη σε δύο επίπεδα, όπου η μικρότερη επιφάνεια, μέσα από τις μορφικές της ταξινομήσεις, απηχεί ορισμένα απ' τα ανάγλυφα του Νίκολσον. Κατά τα άλλα, η νεκρή φύση μοιάζει ασάλευτη, μέχρις ότου να προσθέσει μια ακατέργαστη λωρίδα από μπλε χαρτί στα αριστερά, και, πιο προβεβλημένα, κομμάτια από βαμμένες σανίδες στα δεξιά. Υπάρχουν ποικίλα είδη ύλης και τρισδιάστατου στο ολοκληρωμένο έργο, και αρχίζει κανείς να αναρωτιέται αν ο «φόρος τιμής» έχει μετατραπεί σε απόρριψη. Και το έργο «Μήλα και Σπασμένος Καθρέφτης» (1968) μοιάζει με εγκιβωτισμό ενός πίνακα μέσα σε άλλον: κάθετος καμβάς (86 x 61 εκ.), στο πάνω μισό του οποίου έχει επιβάλει έναν μικρότερο, σχεδόν τετράγωνο πίνακα, που και ο ίδιος διαιρείται στο ένα τρίτο, με μια κάθετη γραμμή. Πρόκειται, τεκμαίρουμε, για τη ρωγμή στον καθρέφτη. Διακόπτει αυτό που βλέπουμε στον υποτιθέμενο καθρέφτη, όπως ακριβώς κάνει κάθε ρωγμή. Βλέπουμε μήλα και κηλίδες μπογιάς σε πιτσιλισμένο φόντο με θερμά χρώματα και λευκό. Το κάτω μισό εικονίζει μια νεκρή φύση: ομαδοποιημένα μήλα στα αριστερά, και μια πιο χαλαρή διάταξη στα δεξιά. Ο «καθρέφτης» σίγουρα δεν αντικατοπτρίζει οτιδήποτε απ' αυτά. Κατ' ακρίβειαν, τα μήλα στον καθρέφτη δεν έχουν μόνο διαφορετικό χρώμα, αλλά είναι και μεγαλύτερα απ' τα μήλα στο κάτω μέρος. Αν ήταν αντανακλάσεις, ασφαλώς θα φαίνονταν μικρότερα. Ο Στας επιμένει να παίζει το παιχνίδι του, ζωγραφίζοντας σκιές πάνω από την εσωτερική «εικόνα», για να υπαινιχθεί τη στιβαρότητά της, και μια ράβδο με σκιά από κάτω, ως έρεισμα.

Δεν υπάρχουν επινοήσεις αυτού του είδους, ούτε προβληματισμός του θεατή, στις νεκρές φύσεις που δημιουργεί το 2002. Αντίθετα, παρατηρούμε περιορισμένο ρεπερτόριο αντικειμένων νεκρής φύσης – ένα διανοητικό οπλοστάσιο, υποψιάζομαι, και όχι ένα σύνολο αντικειμένων, διαφορετικά ταξινομημένων σε κάθε πίνακα: μήλα, κάποιες απλές κούπες και πιάτα, ένα μπλε μπουκάλι, πετσέτες ή τραπεζομάντιλα, με μοτίβα ή σκέτα, και διάφορα βαζάκια ή άλλα δοχεία που περιέχουν πινέλα, πάνω σε τραπέζι, όλα σε αναλογία 2:3. Οι καμβάδες: σαράντα επί εξήντα εκατοστά, και σε μία περίπτωση, στην κάθετη εκδοχή τους. Σχεδόν όλα εικονίζουν την απέναντι άκρη της επιφάνειας του τραπεζιού, ευθεία ή στρογγυλεμένη. Αυτό είναι το φόντο, σε ένα ή διάφορα χρώματα, μέχρι να φτάσουμε στην απέναντι άκρη και να δούμε το χρώμα στο βάθος, που υποθέτουμε ότι υποδεικνύει τοίχο. Το χρώμα αυτό είναι, συνήθως, πιο σκούρο από την επιφάνεια του τραπεζιού. Έτσι, μια σύνθεση που προτείνει χώρο – η επιφάνεια του τραπεζιού που υποχωρεί – δίνει την αίσθηση του επίπεδου, επειδή το πιο ανοιχτό χρώμα του τραπεζιού εξωθείται από το σκούρο φόντο πιο μπροστά. Τα τεκταινόμενα σε αυτή τη μικρή σκηνή είναι η ουσία κάθε πίνακα. Για παράδειγμα, έχει μεγάλη σημασία αν οποιοδήποτε από τα αντικείμενα διαπερνά τον ορίζοντα του τραπεζιού/τοίχου. Αυτό ακριβώς κάνει το μπλε μπουκάλι και, στην ίδια εικόνα, ένα καταπράσινο μήλο. Απ' την άλλη, πρόκειται εδώ για κάθετη σύνθεση, όπου διάφορα

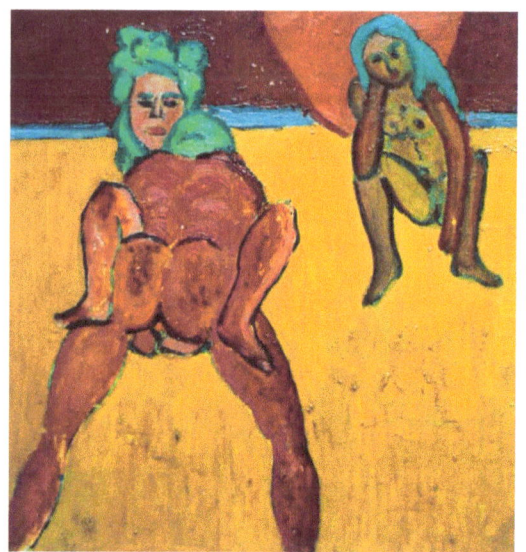

Οι Εραστές, Αρ. 1
λάδι σε σανίδα
1966

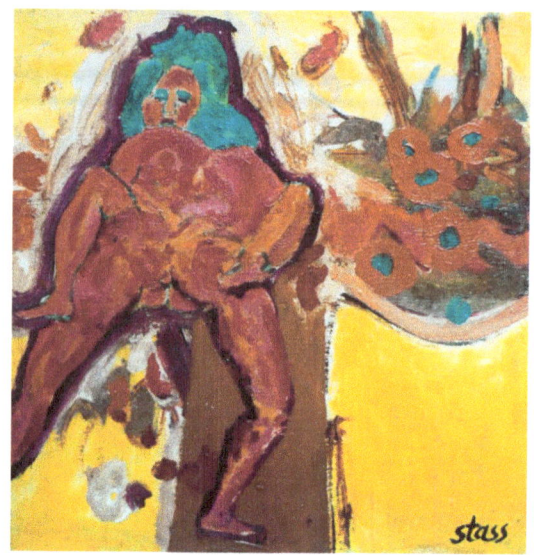

Οι Εραστές, Αρ. 2
λάδι σε σανίδα
1966

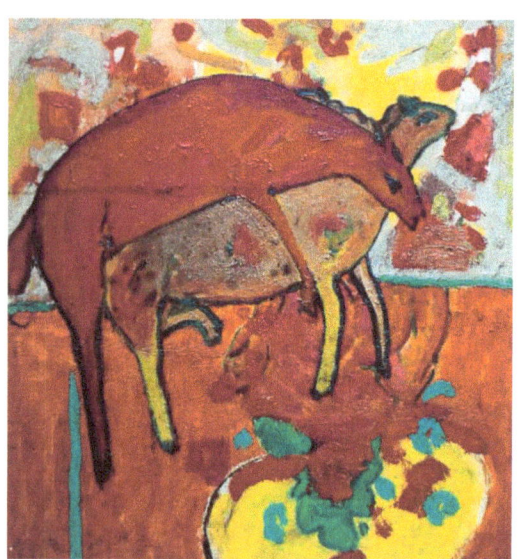

Οι Εραστές, Αρ. 3
λάδι σε σανίδα
1966

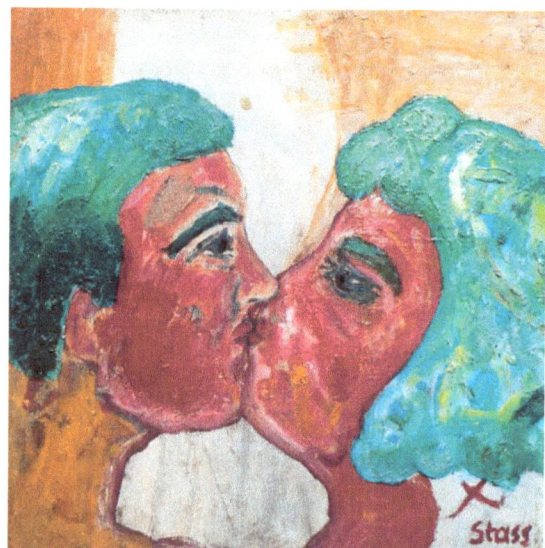

Το Φιλί
λάδι σε σανίδα
1966

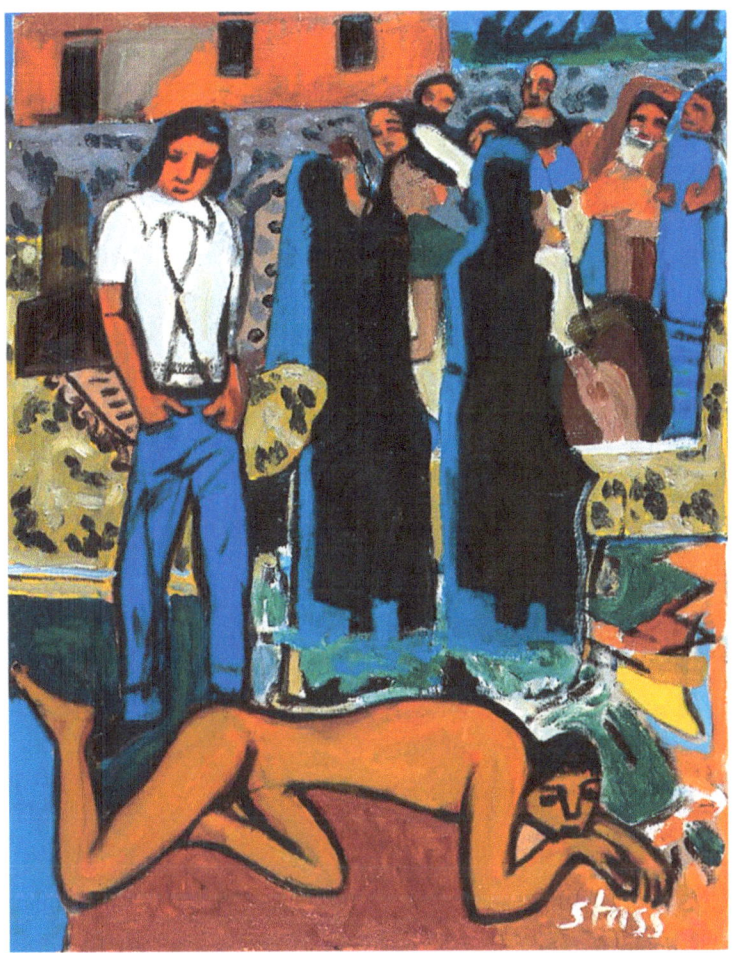

Πρόσφυγες Περιμένουν να Γυρίσουν στα Σπίτια τους
λάδι σε καμβά
2000

αντικείμενα μοιάζουν να τεντώνονται προς τα πάνω, ξεκινώντας απ' τα πινέλα σε ένα βαζάκι, που μπαίνει στην εικόνα από ένα σημείο πέρα απ' το κάτω μέρος της. Σε άλλο πίνακα, κι άλλο γυάλινο βαζάκι με πινέλα εισέρχεται με τον ίδιο τρόπο στη σύνθεση, και δεξιά του υπάρχει μια διακοπή, ένα αφανέρωτο αντικείμενο ή άκρη τραπεζιού που δημιουργεί μια σκούρα γωνία, η οποία μειώνει κατά πολύ τη χωρική άνεση των υπολοίπων και προσδίδει στην οριζόντια ανάπτυξη μια απρόσμενα κάθετη ώση. Ο ίδιος πίνακας καταπραΰνεται από την ξεκάθαρη αντίθεση κίτρινου φόντου (τραπέζι) κόντρα στο βαθυκόκκινο βάθος (τοίχος), με μια στιβαρή σκούρα γραμμή ανάμεσά τους. Σε άλλο πίνακα, το βαθύ πορφυρό του τοίχου χωρίζεται από την εν πολλοίς λευκή επιφάνεια του τραπεζιού, με μια μερικώς ορατή και ταλαντευόμενη γραμμή, που δεν δημιουργεί κανένα είδος φραγμού. Η λευκή επιφάνεια καμπυλώνει σταθερά από τη μια πλευρά του καμβά στην άλλη, για να προσδώσει στον πίνακα μια σχεδόν συμπαντική παρουσία, με τη φωτεινή περιοχή να απηχεί την υδρόγειο στο άπειρο. Πάνω στο τραπέζι υψώνεται το πιο ζωηρό απ᾽ τα βαζάκια με τα πινέλα (σχεδόν βάζο με μπουμπούκια) του Στας, κι υπάρχουν τέσσερα αφημένα μήλα, καθώς και τέσσερα συγκεντρωμένα σε πετσέτα, μέσα σε πιάτο. Γραμμικοί τόνοι, εδώ και εκεί, δραματοποιούν αυτό που θα μπορούσε άλλως πώς να ήταν κενές περιοχές. Τρεις γραμμές πάνω σε κίτρινη λωρίδα στην κάτω δεξιά γωνία, μου θυμίζουν τον τρόπο που ο Καντίνσκυ χρησιμοποιούσε παρόμοια αφαιρετικά μοτίβα, αλλά ταυτόχρονα ανακαλώ στη μνήμη τα γραμμικά σημάδια που βρέθηκαν σε ζωγραφιές σε προϊστορικές σπηλιές, για τις οποίες προτάθηκε κάποτε ότι συμβολίζουν παγίδες.

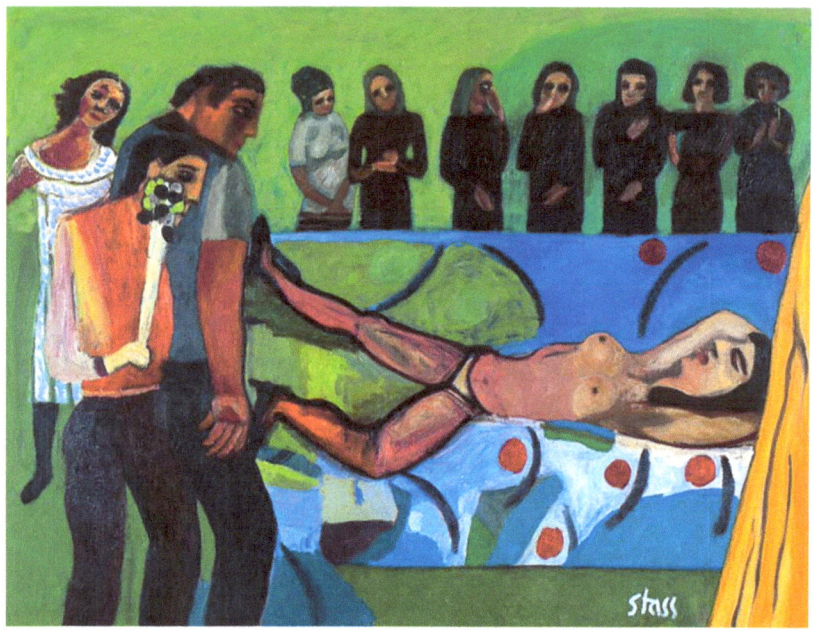

Αποδοκιμασία
λάδι σε καμβά
1994

Είναι πράγματι μεγάλος ο πειρασμός να συνεχίσουμε να επισύρουμε την προσοχή σ᾽ αυτό που κάνει ο Στας με τους συγκεκριμένους πίνακες. Και είναι ακριβώς την προσοχή μας που επιζητούν, καθώς τα θέματά τους παραμένουν απροσδιόριστα και, υποψιάζομαι, μη προσδιορίσιμα. Οι νεκρές φύσεις δεν πραγματεύονται μήλα και πιάτα. Τα αντικείμενα είναι σημαντικοί συμμέτοχοι σε μια σκηνή στημένη από τον ζωγράφο. Δεν εννοώ ότι είχε κατά νου συγκεκριμένο πρόγραμμα για κάθε απόδοση, αλλά ότι καμία απόδοση δεν ήταν ολοκληρωμένη, κανένας πίνακας δεν ήταν έτοιμος να υπογραφεί, προτού εννοηθεί από τον ζωγράφο με κάποιον ιδιαίτερο τρόπο. Μπορεί να επιθυμούμε τις νεκρές φύσεις, ειδικά όσες παρουσιάζουν κοινότυπα και οικεία αντικείμενα, όπως αυτά που βλέπουμε στους πίνακες του Στας, ώστε να αρθρώσουμε το σπιτικό, την ειρήνη, την ευαρέσκεια. Συχνά αυτό κάνουν. Σίγουρα δεν μιλούν απευθείας για τον πόλεμο ή τις καταστροφές, ούτε δηλώνουν ανοιχτή

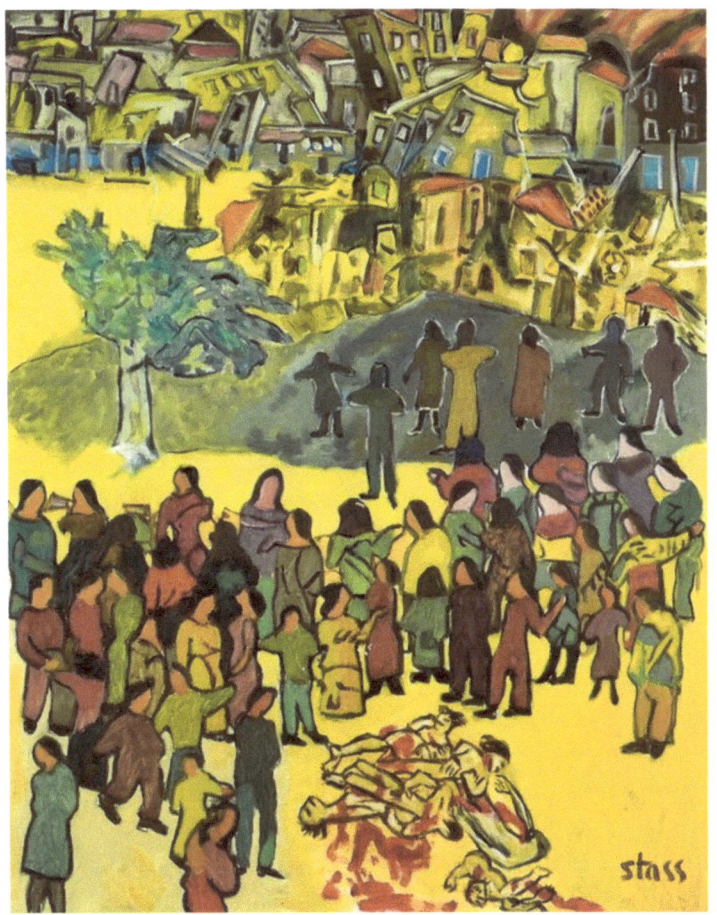

Σφαγή της Κανά
λάδι σε καμβά
1996

«Ο κονσεπτουαλισμός είναι η τέχνη
του κατεστημένου. Δημόσιες γκαλερί
από την Άγκυρα μέχρι το Εδιμβούργο
είναι γεμάτες δείγματα κονσεπτουαλισμού.
Μια τέχνη κοσμοπολίτικη, συνοδοιπόρος
του διεθνούς καπιταλισμού, που υπονομεύει
εθνικές κουλτούρες. Στηρίζεται οικονομικά
από χυδαίους πετρελαιοπαραγωγούς
που θέλουν τέχνη μέσα στα χρυσά
παλάτια τους»

ΣΤΑΣ ΠΑΡΑΣΚΟΣ

διαμαρτυρία κατά της αδικίας και της καταπίεσης. Ωστόσο, μιλούν άμεσα για την αρμονία και την άνεση, ή για τη σύγκρουση και τις εντάσεις. Είναι άραγε ελάσσονα έργα, που φτιάχτηκαν όταν τίποτε άλλο δεν ήταν πιο επείγον; Νομίζω πως όχι. Η σημασία τους έγκειται στην ποίηση, στις σχέσεις μορφής και χρώματος, και μάλιστα πιο ουσιαστικά παρά εκεί όπου υπάρχει άλλο, πιο κραυγαλέο θέμα. Σταδιακά, καθώς γνωριζόμαστε με αυτούς τους πίνακες, μαθαίνουμε να διακρίνουμε τα διαφορετικά είδη μουσικής που αποπνέουν, διαφορετικούς ρυθμούς, διαφορετική ενορχήστρωση· πιο απαλές νότες και ηχητικές ιδιότητες στον ένα, οξύτερους ήχους και βαθμούς αναβρασμού στον άλλο. Πρόκειται, κατά κάποιον τρόπο, για εσωτερικά τοπία, και οφείλουμε να δείξουμε ευαισθησία στην επιλογή, από μέρους του ζωγράφου, μιας συγκεκριμένης σκηνής για κάθε πίνακα, τραχιάς ή ατάραχης, καλοπροαίρετης ή άβολης. Όλα όσα περιέχουν σημαίνουν τόσα πολλά, ακριβώς επειδή το προφανές θέμα είναι τόσο ταπεινό.

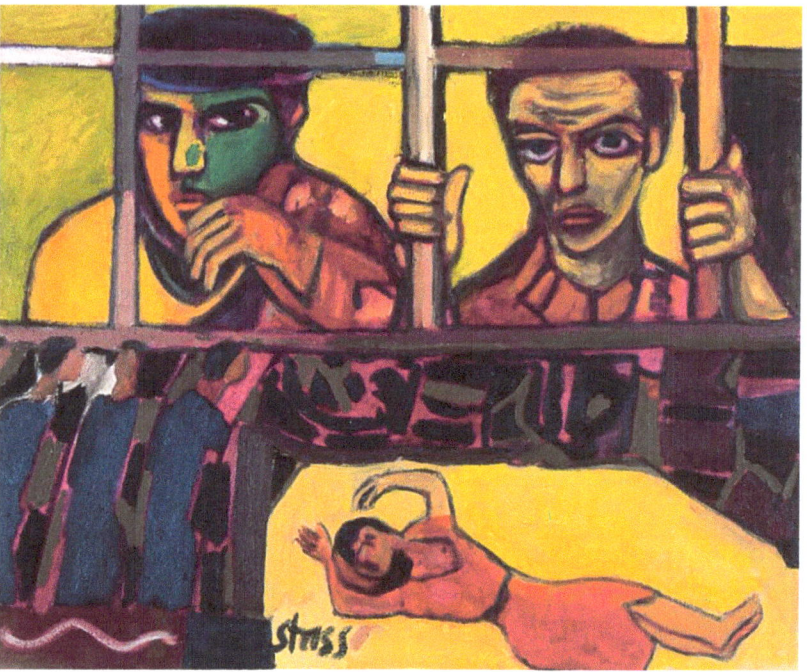

Αναμονή
λάδι σε καμβά
1989

Ενδεικτικό παράδειγμα είναι το έργο «Κίτρινη Νεκρή Φύση» (1966, Συλλογή Πανεπιστημίου του Λιντς). Αυτή η οριζόντια νεκρή φύση, με διαστάσεις 2:3, έχει μνημειακό χαρακτήρα, που δεν συνάδει με το ταπεινό της μέγεθος. Ένα μπουκάλι και οκτώ μήλα, συν άλλα, λιγότερο διακριτά αντικείμενα, όπως ίσως μια πετσέτα, είναι αφημένα πάνω σε ωχρό κίτρινο τραπέζι. Μια πλατιά, υγρή μαύρη πινελιά σηματοδοτεί την απέναντι άκρη του τραπεζιού, και το χωρίζει από τον καφέ τοίχο. Το κίτρινο και το καφέ είναι ζωγραφισμένα κάπως επίπεδα· σχεδόν όλα τ' άλλα εκθέτουν την εκτέλεση της πινελιάς και, συχνά, την πελιδνότητα που συσχετίζω με τον Ένσορ. Υπάρχει μια ήπια αίσθηση κίνησης από αριστερά προς δεξιά, αν και το μεγαλύτερο μήλο, σε μπλε-πράσινο, προσηλώνει τη σύνθεση, διαπερνώντας τον ορίζοντα. Το ίδιο κάνει και το μπλε-πράσινο και λαδί μπουκάλι στα αριστερά του, αυτό όμως γέρνει ελαφρώς προς τα δεξιά, υποστηρίζοντας την αίσθηση της ροπής. (Αντεστραμμένη, η ίδια διάταξη θα ερμηνευόταν κάπως διαφορετικά, με το μπουκάλι να γίνεται το κυρίαρχο μοτίβο). Όπως οι τρεις πίνακες με τον τίτλο «Οι Εραστές», η συγκεκριμένη νεκρή φύση είναι μεταβατική, στο μεταίχμιο ανάμεσα στους πιο γραφιστικούς πίνακες τού Στας και σε εκείνους όπου η εκτέλεση της πινελιάς είναι τραχιά.

Οι πλέον δημόσιοι από τους πίνακές του είναι εκείνοι που πραγματεύονται πολιτικά ζητήματα. Ο Στας διαθέτει πολιτική και κοινωνική συνείδηση, και έχει ευαίσθητες κεραίες. Διαβάζει, συζητά, σχηματίζει άποψη. Έχει έφεση στη συγγραφή, καθώς και το ταλέντο να εκφράζεται ξεκάθαρα, κάποτε φέρνοντας σε δύσκολη θέση εκείνους που τον καλούν να αρθρογραφήσει. Ο ίδιος μου είπε ότι, καμιά φορά, οι συντάκτες των εφημερίδων που του ζητούν να γράψει κάτι, εύχονται να μην το είχαν κάνει. Οι απόψεις του ήταν ανέκαθεν «αριστερίζουσες», αλλά καμιά φορά αναστατώνουν τους «φιλελεύθερους» και κομουνιστές συντάκτες πιο πολύ παρά τους συντηρητικούς. Δεν ανήκε ποτέ σε κόμμα και απορρίπτει κάθε κομματική γραμμή. Ο Στας είναι αυτό που λέγαμε παλιά (γιατί ξεθώριασε αυτή η λέξη;) στρατευμένος, engagé, δηλαδή τον προβληματίζει συνειδητά και ανοιχτά η πορεία και η συχνά αρνητική έκβαση των «δημόσιων πραγμάτων», και είναι πρόθυμος να δημοσιοποιήσει τις απόψεις του. Γιατί, σε έναν δημοκρατικό κόσμο, έπειτα από τόσους αιώνες «προόδου», επιμένουν ακόμη οι αρχαίες αδικίες, μέσα από μοντέρνες αντιστοιχίες για κάθε έκφραση ανισότητας – αφέντης και δούλος, αρσενικό και θηλυκό, πολίτης και μετανάστης; Γιατί απέτυχαν τόσο οικτρά τα ισονομιστικά προγράμματα της μοντέρνας εποχής, οι υποσχέσεις του σοσιαλισμού και του κομουνισμού; Πού βρίσκεται η περιβόητη γη της επαγγελίας; Μήπως ο μικρός βοσκός βρισκόταν σε καλύτερη θέση;

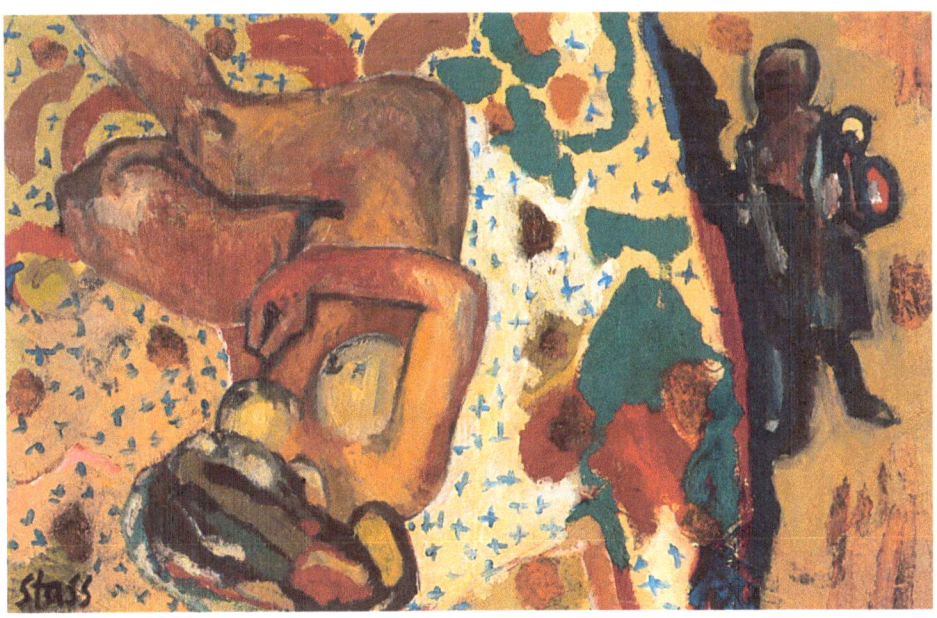

Κόκκινο Γυμνό
λάδι σε καμβά
1989

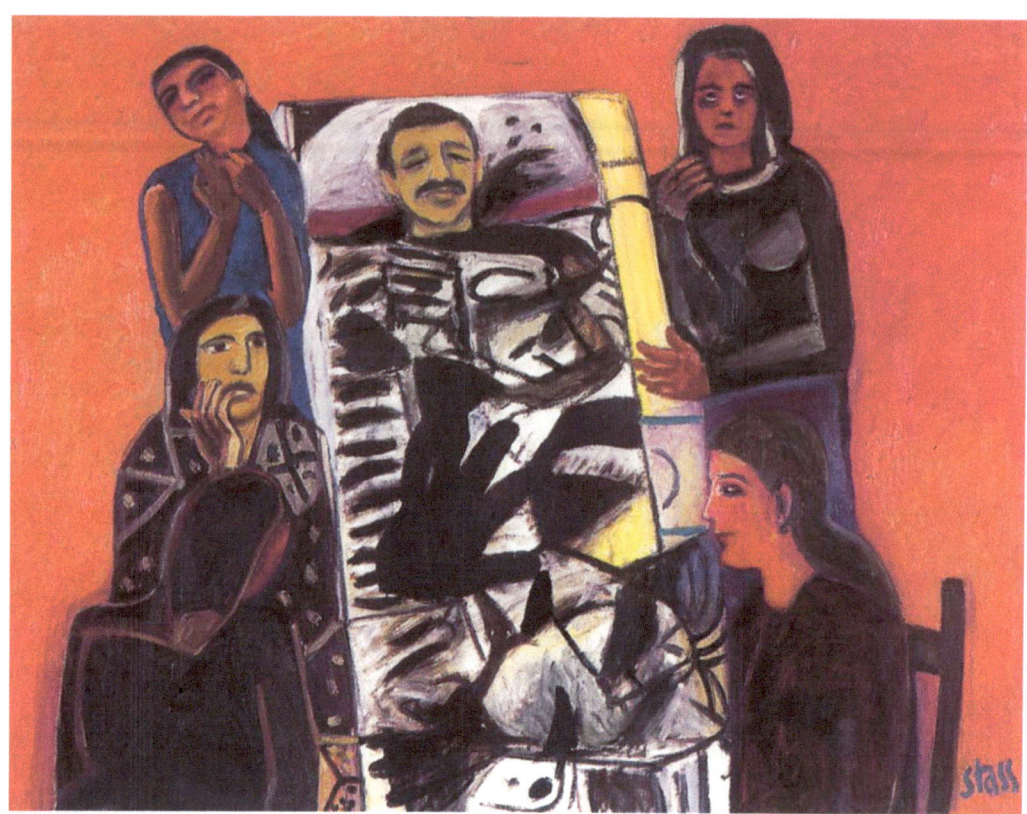

Νεκρός Ήρωας
λάδι σε καμβά
1996

Το 1962, ο Στας ζωγράφισε το διπλό τετράγωνο με τίτλο «Βοσκός», στο οποίο έχω ήδη αναφερθεί – ένα σύνθετο τοπίο, με ένα βοσκό και το κοπάδι του, αλλά και όψεις ενός χωριού και της θάλασσας πιο πέρα, με αυτό που ονομάζω τον δικό του, ιδιαίτερο γραφιστικό τρόπο. Τα πράσινα των δέντρων και το μπλε της θάλασσας κυριαρχούν χρωματικά: για τα υπόλοιπα, παρότι κάθε σημάδι έχει το δικό του χρώμα, αντλούμε πληροφορίες πιο πολύ μέσα από τις γραμμές παρά μέσα από τις χρωματικές φόρμες. Στο αριστερό μισό, μια φιλήσυχη σκηνή: ο βοσκός και το κοπάδι του. Όλα καλά. Πρόσφατος καμβάς, με τίτλο «Βοσκοί» (2001) είναι πιο προβληματικός. Σε πρώτο πλάνο, δύο φιγούρες έρχονται προς το μέρος μας. Η μια φιγούρα είναι βοσκός με τη ράβδο του. Είναι άλλες δύο φιγούρες, πιο κοντά σ' εμάς, ώστε να βλέπουμε μονάχα τα κεφάλια τους, μάλλον άντρας και γυναίκα. Το πρόσωπο του άντρα είναι πράσινο. Στα αριστερά του βοσκού, πολύχρωμοι βράχοι, αλλά επίσης αυτό που εγώ ερμηνεύω ως μεγάλο σκυβαλοδοχείο. Στο αριστερό άκρο υπαινίσσεται και άλλες φιγούρες, περιλαμβανομένης μιας κουρασμένης, ίσως ηλικιωμένης χωρικής, που εισέρχεται στον πίνακα πεζή. Το κέντρο τής σκηνής κατακλύζεται από λευκά πρόβατα, που βόσκουν· καμία αναταραχή. Πέρα απ' αυτούς βρίσκονται τα οξύληκτα σχήματα μακρινών δέντρων, ένας απειλητικός φραγμός που μπλοκάρει οποιανδήποτε θέαση του τοπίου, της θάλασσας.

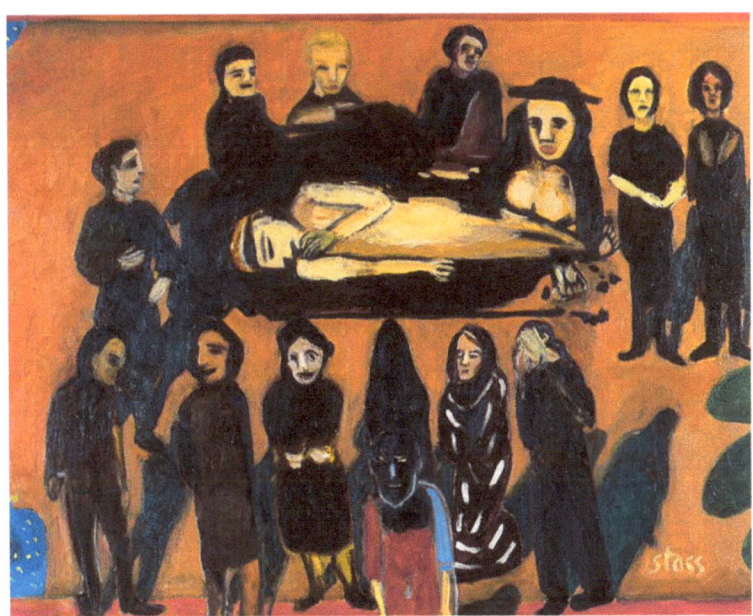

Ελευθερία και Θάνατος
λάδι σε καμβά
1996

Όλα είναι ζωγραφισμένα με τον ώριμο, στιβαρό τρόπο του Στας, που είναι αρχαίος και συνάμα μοντέρνος. Τίποτα δραματικό δεν συμβαίνει, κι όμως ελλοχεύει μια αίσθηση κινδύνου, στα πρόσωπα, στα κόκκινα συννεφάκια, στα σκοτεινά δέντρα, στα μεγαλόφωνα σχήματα στα δεξιά. Το «Τοπίο» του 2002 (ίδιο μέγεθος) μοιάζει ατάραχο: δύο άντρες, πράοι, στα δεξιά, με δέντρα και λόφους και μια γεύση θάλασσας, και στο αριστερό μισό του πίνακα, δέντρα και κτίρια και λιγότερο ευανάγνωστες μορφές. Εισπράττω μια αίσθηση σύγκρουσης ανάμεσα σε πόλη και ύπαιθρο, ανάμεσα σε δύο τρόπους ζωής. Ο άντρας στα δεξιά, κοντύτερα σε εμάς, θα μπορούσε να ήταν ο ίδιος ο Στας, με την τραγιάσκα και το μούσι και, πάνω απ' τον αριστερό του ώμο, μια ράβδο απ' την οποία κρέμεται ένα καλάθι. Είναι άραγε ο αιώνιος πλάνης, ίσως ο άσωτος υιός, σε μεγάλη ηλικία, που παλιννοστεί; Και παλαιότερος πίνακας, με τίτλο «Βοσκοί» (1997), εμφανίζεται να σχολιάζει δύο τρόπους ζωής: βοσκοί και πρόβατα στα αριστερά και, στα δεξιά, νεαροί κουβεντιάζουν σε σκηνικό που αποτελείται κυρίως από αφαιρετικές μορφές και τα ερείπια παλιού πετρόκτιστου σπιτιού. Εδώ, η αίσθηση της σύγκρουσης είναι αμβλυμένη. Ο πίνακας αναγνωρίζει την αντίφαση χωρίς να δηλώνει προτίμηση.

Πίνακας του 2000 (60 x 90 εκ.) ονομάζεται «Θυμάμαι» και έχει μια έντονα νοσταλγική χροιά. Στα αριστερά, ένα κάθετο τμήμα είναι αφιερωμένο σε τέσσερις φιγούρες, που μας κοιτάζουν στο πρώτο μέρος, δηλαδή μακριά, ενώ από κάτω, άρα πιο κοντά σ' εμάς, μια όρθια λευκοντυμένη γυναίκα μάς έχει γυρισμένη την πλάτη. Μια παρόμοια γυναίκα στέκεται στο μεγαλύτερο τμήμα, στα δεξιά. Φοράει μπλε και το βλέμμα της είναι στραμμένο σε ένα χωριό με κάμποσα σπίτια. Τοποθετημένη εντός της σκηνής αυτής, μια σκούρα, γωνιασμένη περιοχή: σπίτι, ίσως, όπου μια γυναίκα κάθεται και σκύβει, κοιμάται ή πενθεί, με το κεφάλι ακουμπισμένο στον βραχίονα. Μια κάθετη λωρίδα έντονων χρωμάτων ανάμεσα στις δύο

44

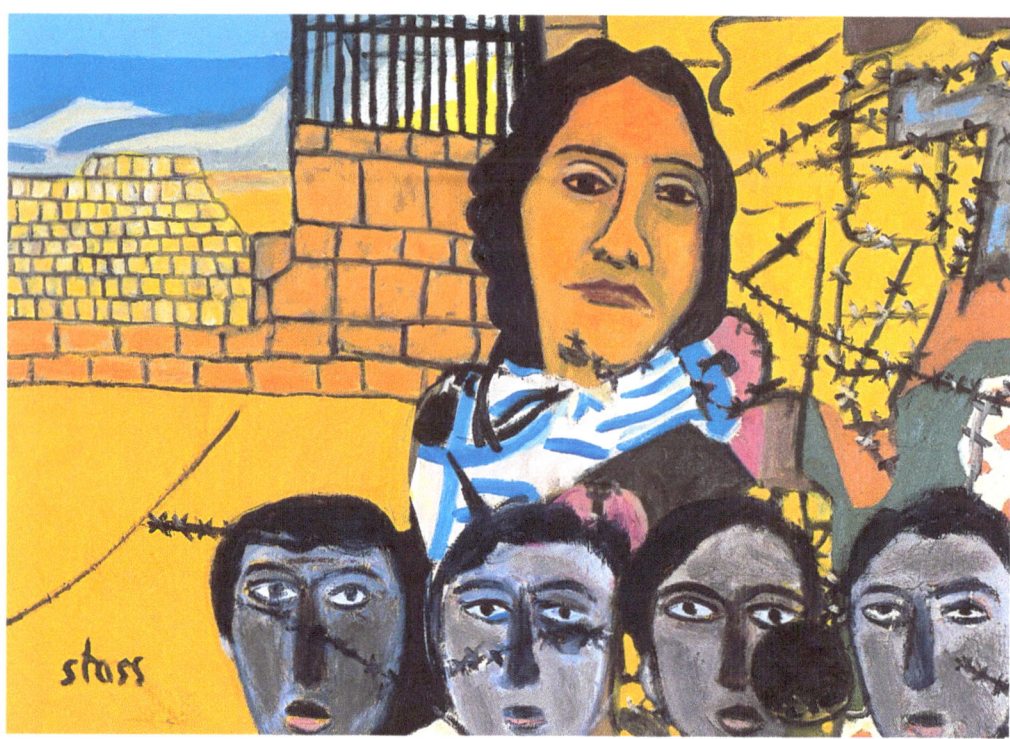

Δασκάλα της Καρπασίας και Εγκλωβισμένοι Μαθητές
λάδι σε καμβά
2000

σκηνές περιέχει ονόματα, κάτω από την ελληνική λέξη «Θυμάμαι». Τα ονόματα ανήκουν σε ομότεχνους του Στας, τεθνεώτες πια, τους οποίους θαυμάζει: Αδαμάντιος Διαμαντής, Τηλέμαχος Κάνθος, Χριστόφορος Σάββα, όπως υπέγραφαν τα έργα τους. Στην έκτη δεκαετία της ζωής του, ο Στας μπορεί να αναπολεί το παρελθόν, και να στοχάζεται πού τον έχει οδηγήσει η αυταπόδεικτη πρόοδός του στον κόσμο.

Συχνά, στην πιο πρόσφατη δουλειά του, σχολιάζει τη ζωή που τον περιβάλλει. Άνθρωποι κάθε λογής συναθροίζονται στις παραλίες. Οι Κύπριοι συμπατριώτες του και τα σμήνη των επισκεπτών ατενίζουν ο ένας τον άλλο με περιέργεια. Διαγωνισμοί «Μις Κόσμος» και άλλες εφήμερες διασκεδάσεις αυτού του είδους. Δημόσιες επιδείξεις αγάπης και πόθου αποσπούν τα φθονερά βλέμματα των περαστικών, ενθαρρυμένα από τις αφύσικες στάσεις με τις οποίες περιβάλλουμε την ενόρμηση για σεξουαλική ένωση, απ' την οποία εξαρτάται η ανθρώπινη φυλή – όλα αυτά και άλλα ηθικά ζητήματα προσελκύουν την προσοχή του, και μεταποιούνται σε πολύχρωμα, συγκινητικά και αξιομνημόνευτα εμβλήματα.

Το 1966, τη χρονιά που οι όντως πολύ αθώοι πίνακές του με το γυμνό ζευγάρι τον μετέτρεψαν σε «κακοποιό», είχε ζωγραφίσει και ωμότερες σκηνές συνουσίας. «Οι Εραστές», σε τρεις εκδοχές, με αριθμό ένα μέχρι τρία, και όλα σε τετράγωνες επιφάνειες (40 x 40 εκ.), μπορεί να αποτελούν απόκριση στη λογοκρισία. Οι αριθμοί 1 και 2 είναι ιδιαίτερα ευκρινείς απεικονίσεις ενός άντρα και μιας γυναίκας που κάνουν σεξ, ιδωμένοι, τρόπον τινά, από ένα σημείο ανάμεσα στα πόδια του άντρα. Τα κορμιά είναι κόκκινα και ροζ. Τα μαλλιά στα

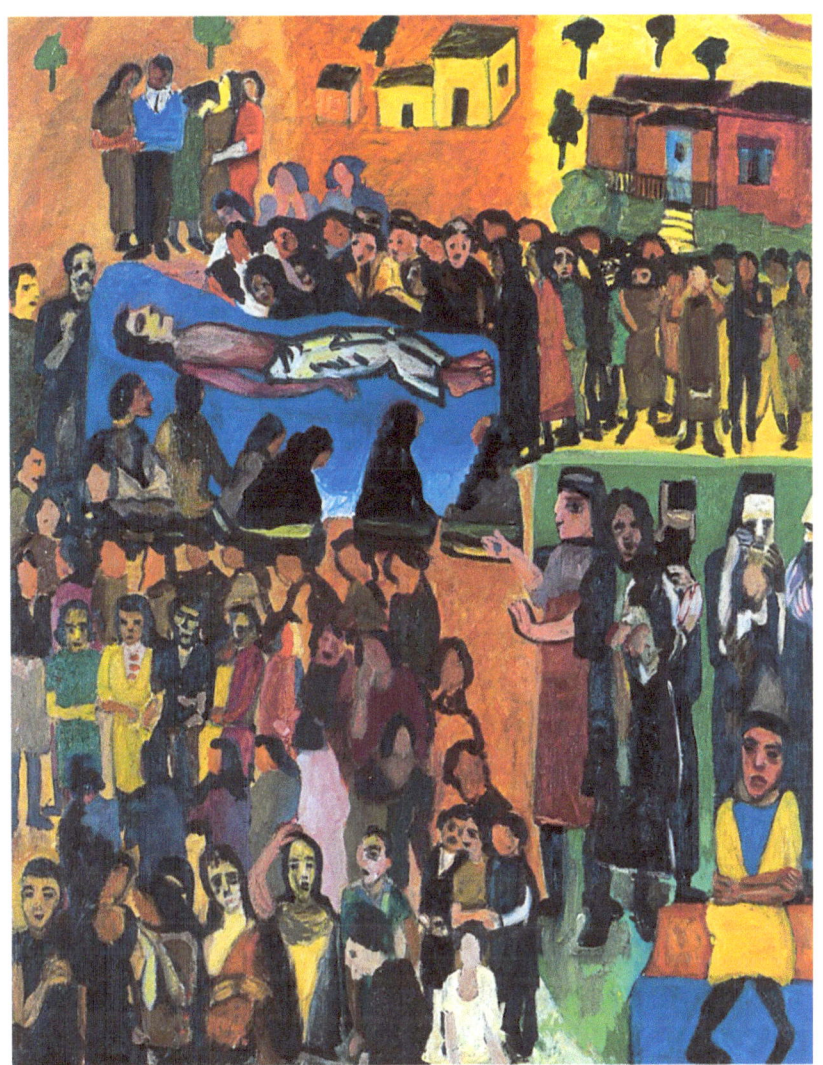

Ο Φόνος του Δημοσιογράφου Ανταλί
λάδι σε καμβά
1996

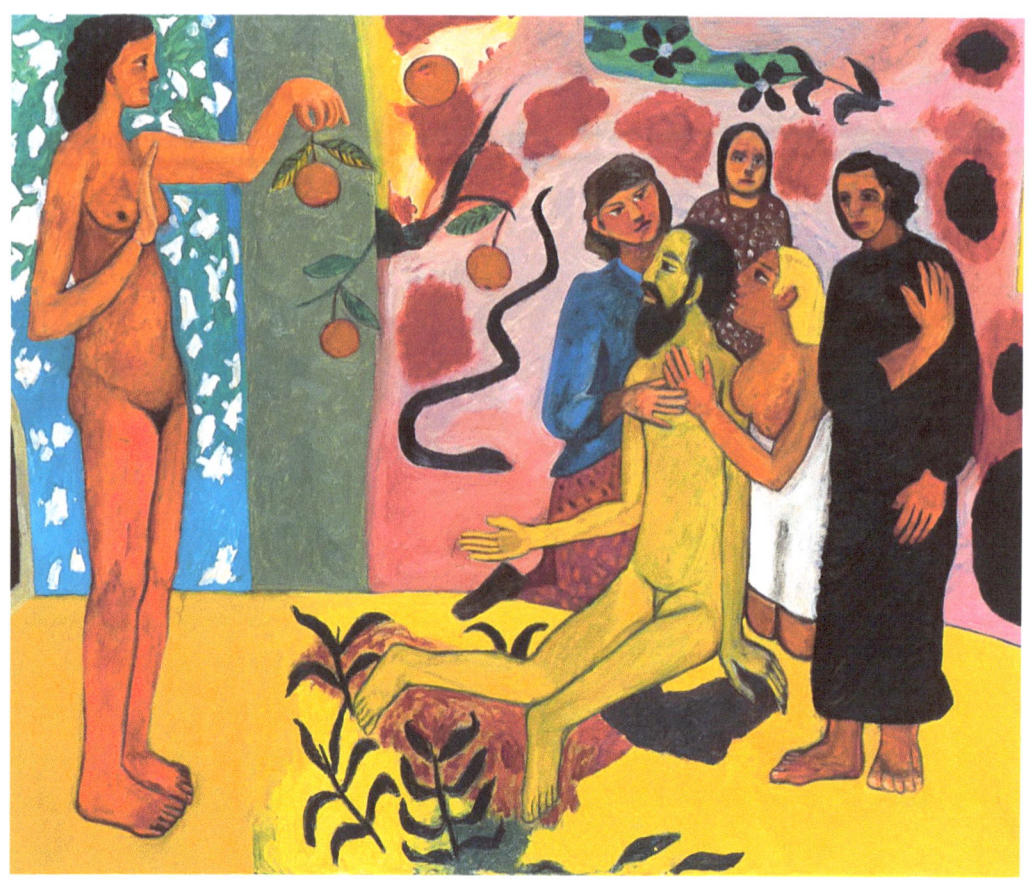

Πειρασμός του Αγίου Αντωνίου
λάδι σε καμβά
1997

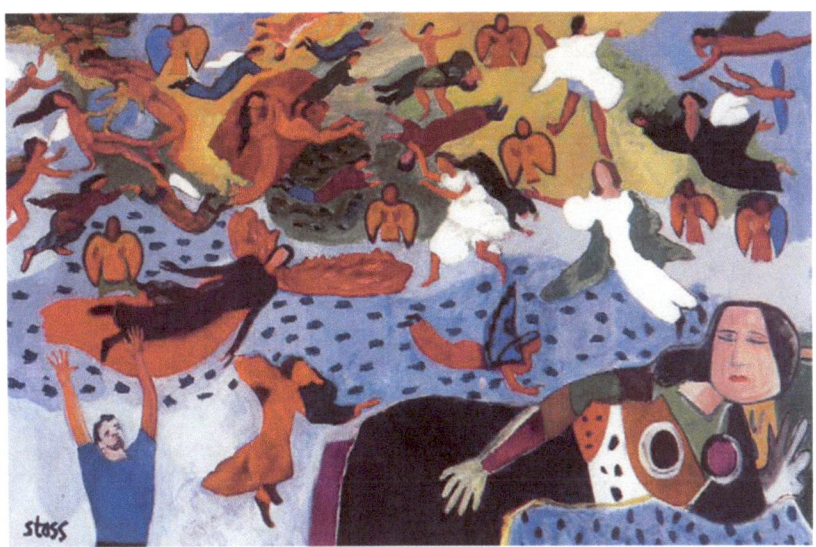

Ζωή στα Επουράνια
λάδι σε καμβά
1997

κεφάλια τους είναι πράσινα. Στον Αρ.1 ξαπλώνουν σε ένα κατά βάση κίτρινο φόντο, και ο ερωτάς τους διανθίζεται από λουλούδια. Στον Αρ.2 το κίτρινο φόντο είναι πιο σκούρο και πιο παχύρρευστο, υψώνεται σε μια γαλάζια λωρίδα, που μοιάζει να σηματοδοτεί τη διαίρεση ανάμεσα στο δάπεδο και τον τοίχο, σε σκούρο καφέ, παρότι ουσιαστικά δεν υπάρχει αλλαγή επιπέδου. Αντί για λουλούδια, εδώ οι εραστές πλαισιώνονται από μια άλλη φιγούρα, μια γυμνή αλλά σχετικά άχρωμη γυναίκα που θυμίζει Γκωγκέν. Μπορεί να δυσαρεστήθηκε που την απέκλεισαν· μπορεί πάλι να απολαμβάνει αυτό που βλέπει. Η ερμηνεία μας θα εξαρτηθεί από τις δικές μας εμπειρίες και αξίες. Ο τρίτος πίνακας με τίτλο «Οι Εραστές» δείχνει δύο γενικευμένα ζώα, ίσως πρόβατα, να ζευγαρώνουν σε εσωτερικό σπιτιού. Αναρωτιόμαστε, μόλις διαπιστώσουμε αυτή την παραδοξότητα, αν πρόκειται για μεταφορά. Άλλος πίνακας του ίδιου μεγέθους τιτλοφορείται «Το Φιλί» και αυτό ακριβώς εικονίζει: ανδρικό και γυναικείο κεφάλι συναντώνται στο σημείο των χειλιών. Το ένα βλέμμα βυθίζεται στο άλλο, με μια ισχυρή αίσθηση ένωσης. Δεν υπάρχει περιθώριο για κάτι άλλο, και μ' αυτό τον τρόπο ο πίνακας ανακαλεί στη μνήμη την περίφημη πρώιμη απόδοση του Μπρανκούζι για «Το Φιλί», σε μια βαθιά εκφραστική αλλά «πρωτόγονη» μορφή, που υπαινίσσεται σφοδρή κριτική των διάσημων σφιχταγκαλιασμένων γυμνών του Ροντέν, γλυπτό επίσης γνωστό ως «Το Φιλί». Στον πίνακα του Στας, όλα τα άλλα αποδίδονται συνοπτικά: τα ροδαλά κόκκινα των προσώπων, τα μπλε-πράσινα μαλλιά, η ώχρα σε ένα μέρος του βάθους, ξεκινώντας από τον λαιμό και τον ώμο του άντρα ο κόκκινος λαιμός της, περιτετμημένος για να αφήσει μια περιοχή ψυχρού λευκού, με την υπογραφή του Στας και ένα Χ για το φιλί, να προβάλλει στην κεντρική περιοχή του φόντου. Η γυναίκα φαίνεται να είναι η πιο σημαντική παρουσία στη σύνθεση, και μάλιστα τής παραχωρείται περισσότερος χώρος παρά στον άντρα. Αυτό, όμως, αποτελεί πρωτίστως λειτουργία της δεξιόστροφης ανάγνωσης, που κατευθύνει ενστικτωδώς τους περισσότερους από εμάς: τα μάτια μας περνούν από το κεφάλι του προς το δικό της και μετεωρίζονται εκεί. Ιδωμένη σε κάτοπτρο, η έμφαση αντιστρέφεται, έστω και αν το κεφάλι της γυναίκας συνεχίζει να καταλαμβάνει το μεγαλύτερο μέρος του πίνακα.

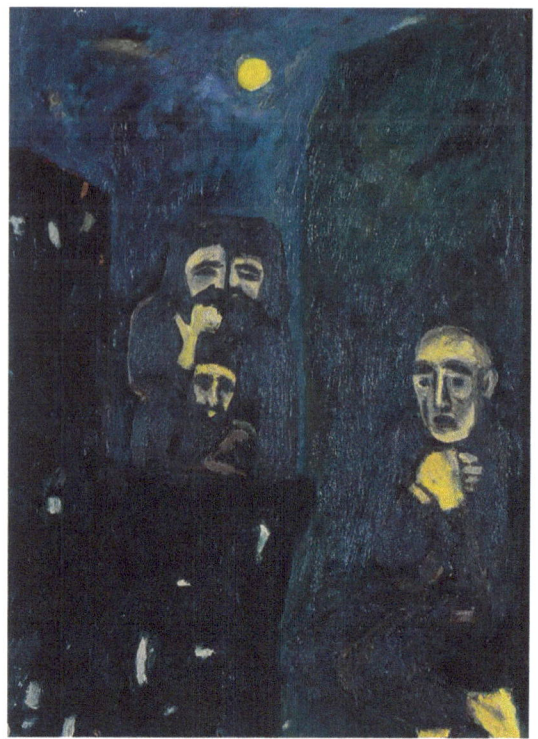

Άγιος Νεόφυτος ο Έγκλειστος
λάδι σε καμβά
1996

Η συλλογή του Συμβουλίου Τεχνών της Αγγλίας περιλαμβάνει έναν πλούσιο, πολύχρωμο τετράγωνο πίνακα με τίτλο «Λουόμενες» (περί τα 1968, 61 x 61 εκ.), μια εξιδανικευμένη εικόνα γυμνών γυναικών που κάνουν ηλιοθεραπεία και παίζουν με το νερό στα ρηχά. Πρόκειται για προσθήκη σε μια μακρά παράδοση Λουόμενων, η οποία αναπτύχθηκε στη δυτική τέχνη κατά τη διάρκεια του 19ου αιώνα, και απορρέει από παλαιότερη παράδοση μυθολογικών θεμάτων, που περιλαμβάνει γυμνό και νερό. Αποτελεί επίσης ορόσημο στην εξέλιξη της τεχνοτροπίας του Στας, από μια σχετικά γραφιστική ζωγραφική, σε μια ζωγραφική όπου το χρώμα και οι ελεύθερες πινελιές παράγουν μια αποκλειστικά δική τους καλλιτεχνική αρμονία. Κανένα μήνυμα δεν εξάγεται από τον πίνακα, παρά η αγάπη για τις γυναίκες, τη φύση και τη ζωή. Θα δούμε ότι αυτό το υπερπραγματικό θέμα της σαρκικής και ψυχικής χαράς επανεμφανίζεται στο έργο του Στας, αντισταθμίζοντας άλλα έργα, όπου αμφισβητεί την ανθρώπινη συμπεριφορά και τις αξίες που αυτή εκπροσωπεί. Συχνά, πραγματεύεται το θέμα της σεξουαλικής ζήλειας, όπως στον πίνακα «Αποδοκιμασία» (1994, 76 x 100 εκ.), όπου βλέπουμε ένα νεαρό άντρα να φέρνει λουλούδια σε μια κοπέλα ξαπλωμένη σε κρεβάτι, σχεδόν γυμνή, ενώ στο βάθος μια σειρά γυναικών, που ομοιάζουν με χορό μοιρολογήτρων, εκφράζουν την αηδία τους μέσα από τις χειρονομίες και τα μαύρα τους ρούχα. Ή στο έργο «Ψίθυροι» (1995, 75 x 100 εκ.) όπου άντρες και γυναίκες κουτσομπολεύουν δολερά ένα σφιχταγκαλιασμένο ζευγάρι. Μια μυστηριώδης μορφή στην πάνω δεξιά περιοχή υποδεικνύει μια καρδιά αλλά και ένα ρολόι: η ζωή είναι μικρή.

Τα ανθρώπινα δικαιώματα – «Ο Άντρας Απάνθρωπος Απέναντι στη Γυναίκα» (1999, 100 x 76 εκ.) είναι μια σχεδόν βιβλική σκηνή, όπου μια γυναίκα, ξαπλωμένη στο έδαφος, λιθοβολείται και προπηλακίζεται από τον όχλο. Στα μάτια τους, έχει αμαρτήσει όπως η μοιχευομένη γυνή στο Κατά Ιωάννην Ευαγγέλιο, την οποία ο Χριστός συγχώρεσε. Όλοι ξέρουμε ότι ουδείς εξ ημών δύναται πρώτος να βάλει λίθον επ' αυτής. Ο θεός του κρασιού, Βάκχος ή Διόνυσος, είναι ο ήρωας στον πίνακα «Διόνυσος και Αριάδνη» (1999, 100 x 140 εκ.), μοντέρνα εικόνα που πραγματεύεται αρχαίο θέμα, αξιοποιώντας ένα συσχετισμό που αρκετοί μοντέρνοι συγγραφείς έχουν χρησιμοποιήσει σε ποιήματα, θεατρικά και μυθιστορήματα. Ο Διόνυσος

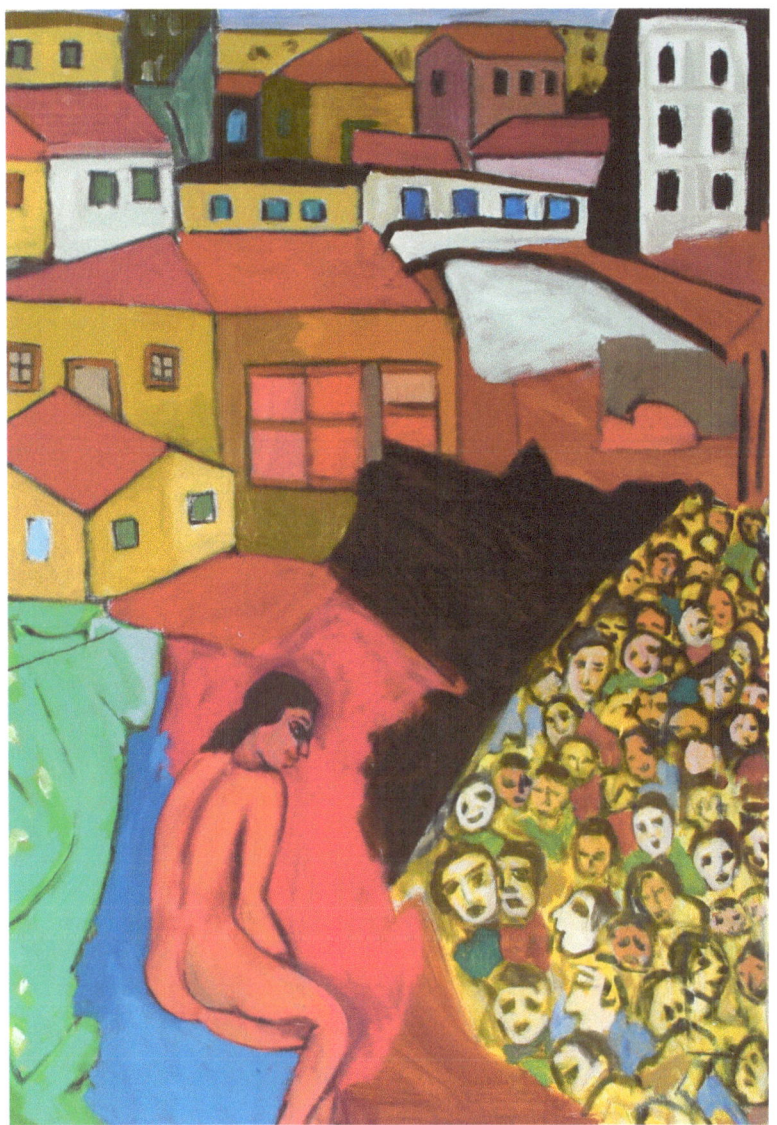

Κόκκινο Γυμνό
λάδι σε καμβά
2002

είναι η κυρίαρχη, πιο προβεβλημένη φιγούρα στ.. πίνακα, ένας Διόνυσος του 20ου αιώνα, με το μπουκάλι στο ένα χέρι, και με το άλλο να σηκώνει ένα γεμάτο ποτήρι σε στάση πρόποσης. Η Αριάδνη στέκεται στα δεξιά του, χρυσομαλλούσα και όμορφα ντυμένη, θρηνώντας ακόμη επειδή την εγκατέλειψε ο Θησέας. Ένα αγκαλιασμένο ζευγάρι και, στην κορυφή, ένα ζεύγος εραστών, τόσο απορροφημένο στην ένωσή του, που έχουν γίνει σάρκα μία, μπορεί να απορρέει από τους φαντασιασμούς του Διόνυσου και της Αριάδνης, αλλά στα αριστερά τού πίνακα βρίσκεται ένα πλήθος σκοτεινών μορφών που σίγουρα θα σπεύσουν να επικρίνουν, ενώ, στα δεξιά, εισέρχεται γενειοφόρος άντρας (ο ίδιος ο ζωγράφος) κομίζοντας καλάθι με άνθη.

Αφιερώνοντας τόσο μεγάλο μέρος της δουλειάς του για να τιμήσει τη χαρά, τον έρωτα και τη σεξουαλική ένωση, ο Στας εντάσσεται σε μια αναπάντεχα μικρή ομάδα μοντέρνων καλλιτεχνών, που περιλαμβάνει ορισμένους από τους καλύτερους, ανάμεσά τους οι Ματίς, Μπρανκούζι και Σαγκάλ – οι οποίοι εκφράζουν τη σεξουαλική ευφορία χωρίς περιστροφές – ο Μπονάρ, εμμονικός με το θέμα και, εικάζει κανείς, πολύ ντροπαλός για να το πραγματώσει, και ο Πικάσο, που φιλοτέχνησε πολλές εικόνες πόθου και ευδαιμονίας, αλλά και άλλες, όπου το σεξ διακωμωδείται ως τερατώδης πείνα. Πίσω από τις ενίοτε σαρδόνιες παρατηρήσεις του Στας, διαισθάνεται κανείς μια υπόγεια στοργή για την ανθρώπινη φυλή, παρά την ανοησία της. Και όταν ασκεί κριτική, το καλλιτεχνικό του ένστικτο τον σπρώχνει συνήθως να αναπτύξει την εικόνα προς την αρμονία, ή τουλάχιστον προς το εικονιστικό σφρίγος. Χωρίς αυτό, η τέχνη δεν μπορεί να ζήσει, όπως και εμείς δεν μπορούμε να ζήσουμε χωρίς σεξ.

Σε ορισμένες περιπτώσεις, εξωθείται σε εικονιστικό θυμό, και το υπόβαθρο είναι πολιτικό: η πίεση του πολιτικού δογματισμού και η δυστυχία, κάποτε ο θάνατος, που προκαλεί ο πολιτικός εξτρεμισμός. Με τη βαθιά του αγάπη για την Κύπρο, ανέκαθεν γρηγορούσε απέναντι στις εσωτερικές και εξωτερικές πιέσεις κατά του νησιού. Το 1971 ζωγράφισε το προφητικό έργο «Η Ελευθερία Καταλείπει την Κύπρο» (140 x 153 εκ.).

Πρόκειται για μια εύρωστη αλληγορία, καθώς η βάρκα, με το εντυπωσιακό της πανί και τα πουλιά να σπεύδουν από πάνω, απομακρύνεται από τις απόκρημνες άκριες της Κύπρου κάτω από ροδαλό ουρανό. Πρόκειται για μεγάλο πίνακα, με χαρακτήρα τοιχογραφίας. Μου θυμίζει ιστορικές σκηνές και αλληγορίες που είχαν ζωγραφίσει οι Σκανδιναβοί εκατό χρόνια πριν, όταν ο εθνικισμός ήταν φλέγον θέμα εκεί, και τις εικονογραφήσεις σλαβικών μύθων που φιλοτέχνησαν σπουδαίοι καλλιτέχνες, όπως ο Μπιλίμπιν στη Ρωσία, περίπου την ίδια εποχή. Η βάρκα που πλέει προς το μέρος μας υποκρούει την αναχώρηση του Οδυσσέα από την Τροία. Το 1973, ο Στας ζωγράφισε ένα δεύτερο έργο με τίτλο «Η Ελευθερία Καταλείπει την Κύπρο», μια μεγάλη, σχεδόν τετράγωνη εικόνα. Εδώ δεν πρόκειται για αλληγορία. Εκπέμπει μια αίσθηση φρίκης και κατάπληξης, αναπαριστώντας ένα σιωπηρό πλήθος μοντέρνων, ανώνυμων ανθρώπων, που στέκονται έξω από μια εκκλησία κάτω από βαρύ, βροντώδη ουρανό, όπου δεν αιωρείται παρά ένα αγγελικό πνεύμα της Ελευθερίας. Άλλος πίνακας με το ίδιο θέμα, φιλοτεχνημένος το 1970-71, είναι ο «Δούρειος Ίππος» (92 x 152 εκ). Πρόκειται για έναν εντυπωσιακό συνδυασμό μιας ημι-ρεαλιστικής σκηνής της μοντέρνας Κύπρου, με κτίρια, ανθρώπους, ζώα και, πέρα απ' αυτούς, ένα τοπίο, με αναφορές στην Ιλιάδα του Ομήρου και άλλα ποιητικά στοιχεία – ο άγγελος, ο ευμεγέθης γυμνός άντρας στο προσκήνιο, είναι μάλλον θεωρός, αισθάνεται κανείς, παρά μέρος της σκηνής.

Ο Στας έχει τονίσει ότι επιστρέφοντας από την Αγγλία στην Κύπρο τα καλοκαίρια, δεν μπορούσε παρά να δει την κατάσταση στην πατρίδα του με απόλυτα αντικειμενικούς όρους.

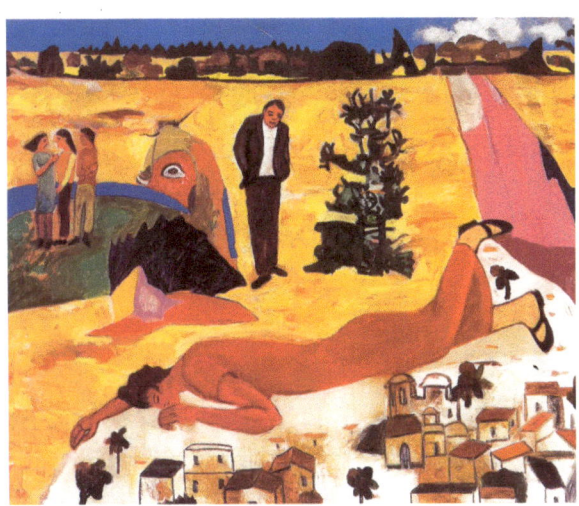

Το Όνειρο της Κόκκινης Κοπέλας
λάδι σε καμβά
1997

Καθημερινά, οι εφημερίδες δημοσίευαν ιστορίες βίας, από φόνους μέχρι ανατινάξεις κυβερνητικών κτιρίων, επιγεννήματα της διαμάχης ανάμεσα στον Στρατηγό Γρίβα και τον Αρχιεπίσκοπο Μακάριο. Δεν μπορούσε παρά να σχολιάσει τα τεκταινόμενα και τις σκέψεις του για το τι θα επακολουθούσε. Ο «Δούρειος Ίππος» προβλέπει την προδοσία, που ήρθε μερικά χρόνια μετά. Στο έργο «Λαϊκό Μοτίβο» εκφράζεται εναργώς η αντίδρασή του σε ό,τι συνέβαινε. Πρόκειται για μικρού μεγέθους πίνακα του 1991, που χρησιμοποιεί την παραδοσιακή φόρμουλα-κληροδότημα της θρησκευτικής τέχνης: στο κέντρο ένα κεφάλι ή μια φιγούρα που

περιβάλλεται από άλλους. Εδώ, ο ήρωας είναι ο συνταγματάρχης Γρίβας: εικονίζεται το κεφάλι και οι ώμοι του, ενώ τον συνοδεύουν τέσσερις πολύ νεότεροι ακόλουθοι, αγόρια. Ο Στας ορρωδούσε μπροστά στις φασιστικές αξίες που προωθούσε ο Γρίβας, και τον τρόπο με τον οποίο τις συσχέτιζε με μια κατ' επίφαση προσκόλληση στις χριστιανικές προτεραιότητες. Οι γαλανόλευκες σημαίες προσδιορίζουν την πολιτική τους· ένα σμήνος μικρών σταυρών υπαινίσσεται τάφους και τις μεθόδους τους. Οι εικόνες τους αιωρούνται πάνω από μια μικρή απεικόνιση κυπριακού χωριού. Σχεδόν μας διαφεύγει το γεγονός ότι ο Στας χρησιμοποιεί εδώ μια εορταστική φόρμουλα για να εκφράσει αποτροπιασμό. Η τέχνη του μας διδάσκει ότι τα πορτραίτα έχουν πολλές χρήσεις, και μια απ' αυτές είναι να ρωτούν για τους «εξαφανισμένους», τα αμέτρητα θύματα της πολιτικής.

Μετά το 1974, ο Στας ζωγράφισε τον μεγάλο καμβά «Διχοτόμηση» (1980, 179 x 90 εκ., Κρατική Πινακοθήκη, Κρατική Συλλογή Σύγχρονης Κυπριακής Τέχνης, Λευκωσία). Ουσιαστικά, ένα διπλό τετράγωνο, η σύνθεση βασίζεται στο χλωμό φόντο για να συνενώσει εικονιστικά επεισόδια που υπαινίσσονται τη διαμάχη η οποία οδήγησε στη διχοτόμηση του νησιού, και διαίρεσε στα δύο πόλεις με τη χρήση αυτοσχέδιων φραγμών, αναγκάζοντας οικογένειες να εγκαταλείψουν τον φυσικό τόπο διαμονής τους και να καταστούν εξόριστοι στην ίδιά τους την πατρίδα. Οι φιγούρες, τα κτίρια και άλλα μοτίβα μιλούν ακριβώς γι' αυτά τα γεγονότα. Όχι με πολύ συγκεκριμένους όρους – κυρίως για την αντιμελοδραματική παρουσίαση των θυμάτων και τη βαθιά συλλύπηση του ζωγράφου – ανακαλώ ορισμένους από τους επικούς πίνακες του Σαγκάλ, όπως «Η Επανάσταση» (1937: μόνο μια μικρή εκδοχή έχει επιβιώσει, ένα οριζόντιο διπλό τετράγωνο, καμβάς), ή τη «Λευκή Σταύρωση» (1938). Το έναυσμα και για τους δύο πίνακες δόθηκε από πολιτικά γεγονότα και απειλές: τον εμφύλιο στην Ισπανία και τον βομβαρδισμό της Γκουέρνικα, και τα ναζιστικά πογκρόμ κατά των Εβραίων στη Γερμανία, όταν χιλιάδες στάλθηκαν στα στρατόπεδα συγκέντρωσης ενώ οι συναγωγές γίνονταν στάχτη. Και οι δύο ζωγράφοι καταφέρνουν να μεταδώσουν τη φρίκη τους γι' αυτό που αναγκάζονται να μαρτυρήσουν, μαζί με έλεος για τους καημούς τής

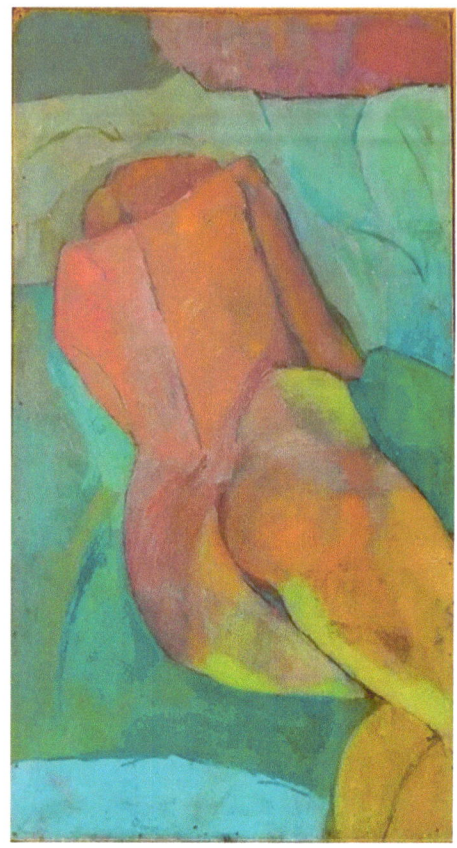

Γυμνό
λάδι σε καμβά
1958

ανθρωπότητας, ενώ αθόρυβα θέτουν το ερώτημα: πώς γίνεται η εθνικιστική δίψα για εξουσία και οι θεσμοθετημένες θρησκείες να υποστηρίζουν τέτοιες παραβιάσεις;

Πολλοί από τους πρόσφατους πίνακες του Στας σχολιάζουν τα δεινά των παράνομων μεταναστών, την απόρριψή τους από την κοινωνία ως να μην ήταν μέλη της ανθρώπινης φυλής, την ύπαρξή τους σε ένα είδος μεταιχμιακού χώρου καθώς περιμένουν να επαναπατριστούν, την ένδειά τους, την απώλεια σκοπού. Δύο μάλλον διαφορετικοί πίνακες του 2000, με τον κοινό τίτλο «Παράνομοι Μετανάστες» απεικονίζουν ακριβώς τέτοιους ανθρώπους, σε εσωτερικό και εξωτερικό χώρο, ενώ ένας απ᾽ αυτούς κρατάει κούπα του επαίτη. Το κενό στα πρόσωπά τους μεταδίδει το βασικό μήνυμα. Ανάμεσα σε άλλους πίνακες του 2000, οι «Πρόσφυγες» εικονίζουν μια συστάδα θυμάτων, γέρους και νέους, ανάμεσα σε συρματόπλεγμα, σε οριζόντιο προσανατολισμό, και το έργο «Πρόσφυγες Περιμένουν να Γυρίσουν στα Σπίτια τους», κάθετη σύνθεση, δείχνει μια ομάδα ανθρώπων αρκετά κοντά στο προσκήνιο και, από κάτω, έναν νεαρό άντρα να ξαπλώνει γυμνός στο έδαφος. Οι εικόνες αυτές βρίθουν ερωτηματικών, και οι θεατές δυσανασχετούν με την αδυναμία τους να τα απαντήσουν. Το 2001, ο Στας ζωγράφισε δύο εκδοχές του πίνακα «Μητέρες Αγνοουμένων». Ο πρώτος πίνακας είναι διάστικτος με πρόσωπα, τα πρόσωπα των μητέρων που αναζητούν, και τα πρόσωπα στις φωτογραφίες που κρατούν – σε μια κουλτούρα όπου τα εικονίσματα είναι παράθυρα προς τον παράδεισο. Στα αριστερά, μια γυναίκα στέκεται, και επιμένει να ρωτά χωρίς ελπίδα. Ο άλλος πίνακας περιλαμβάνει πλήθος δυστυχισμένων ανθρώπων και, στο αριστερό μισό, μια πολλαπλή φιγούρα, που το διαταραγμένο της πρόσωπο εκφράζει τη δυστυχία αυτής της συνηθισμένης παγκόσμιας κατάστασης. Πρόκειται για ορισμένες από τις πιο διαπεραστικές επινοήσεις του Στας, κι όμως η δύναμή τους δεν εξαρτάται από μεγαλόσχημες δραματικές φιγούρες αλλά απορρέει από την πίεση προσώπων και σωμάτων σε συνθέσεις καθ᾽ εαυτές εκτοπισμένες.

Καμιά φορά, ο Στας γνωστοποιεί τη θέση του τονίζοντας τον θάνατο κάποιου επώνυμου ή ανώνυμου. Τρεις τέτοιοι πίνακες χρονολογούνται στο 1996. Ο «Νεκρός Ήρωας» (75 x 100 εκ.) φέρνει τον νεκρό κοντά μας, καθώς κείτεται κάτω από σκέπασμα με μοτίβο, πλαισιωμένος από μοιρολογήτρες. «Ο Φόνος του Δημοσιογράφου Κουτλού Ανταλί» (100 x 100 εκ.) είναι ένας τετράγωνος πίνακας, διακριτικά διαιρεμένος σε ζώνες ή σκηνές, που παρουσιάζουν συνωστισμό ανθρώπων, καθώς και τον πεθαμένο, πάνω αριστερά, και

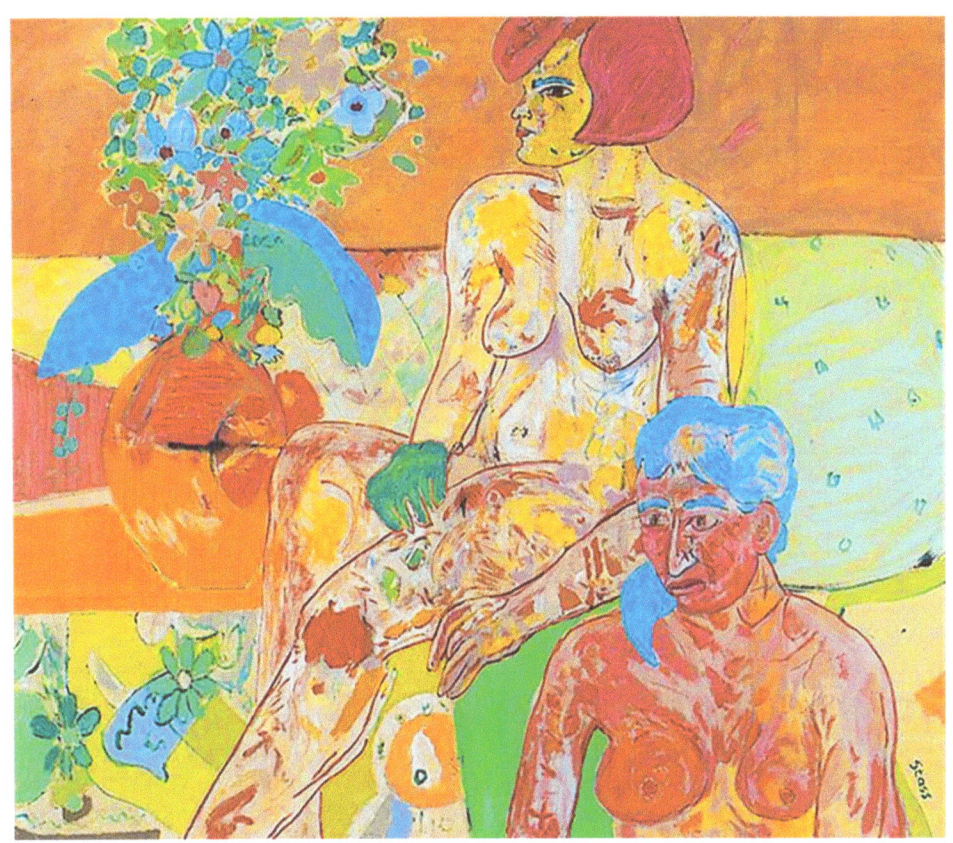

*Κλέα και Ιουστίνη
λάδι σε καμβά
1966*

«Φαντάσου να έρχεσαι από ένα
χωριό της Κύπρου, με τους
περιορισμούς, τις συνήθειες, τα ήθη
και τα έθιμα και ξαφνικά να βρεις
έναν κύκλο απόλυτης ελευθερίας»

ΣΤΑΣ ΠΑΡΑΣΚΟΣ

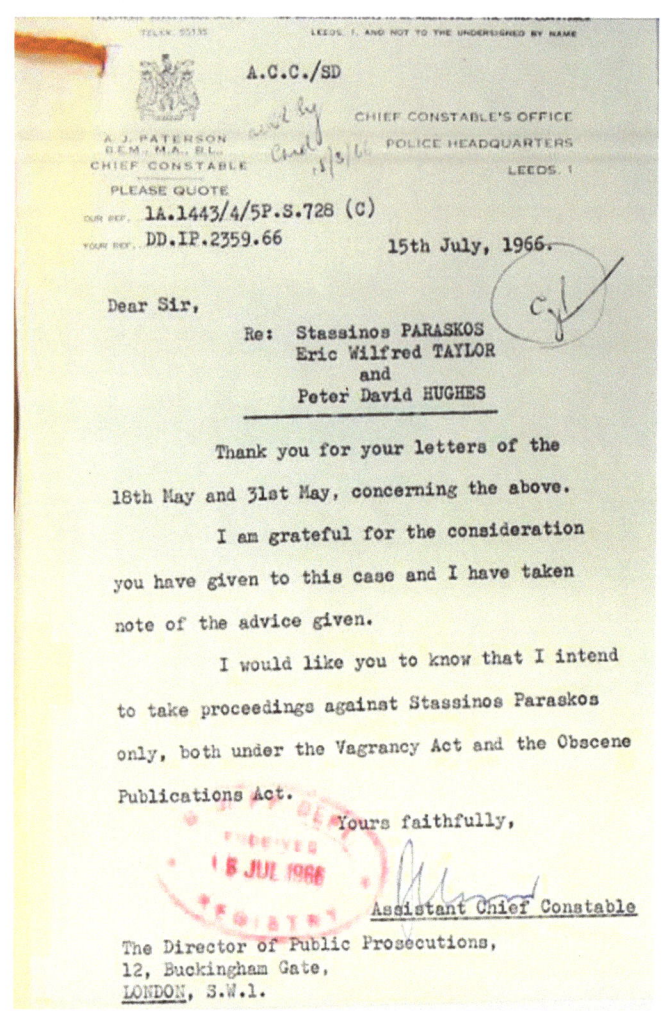

Ο Στας συνελήφθη στην Αγγλία, 1966

κτίσματα σε περιληπτικό πεδίο. Ο πίνακας ανακαλεί εικόνισμα εκτός της κλασικής παράδοσης όπου κάθε εικόνα παριστάνει μια λίγο-πολύ συνεκτική σκηνή. Ο χαρακτήρας της είναι εμφατικά θρησκευτικός, λόγω της επεισοδιώδους διάταξης, καθώς και της ευρύτερης επιπεδότητας. Και ο αλληγορικός πίνακας «Ελευθερία και Θάνατος» (75 x 100 εκ.) διαθέτει στοιχεία αγιογραφίας, ως προς τη συνάθροιση και την κεντρικότητα των φιγούρων του, ωστόσο ο Στας έχει τονίσει τον κλασικό χαρακτήρα της σκηνής, αποδίδοντας σε ορισμένες από τις φιγούρες έντονες σκιές, που επιβεβαιώνουν χώρο και προοπτική. Η έκφραση του προσώπου αναλαμβάνει να μεταφέρει μεγάλο μέρος του μηνύματος σ' αυτές τις εικόνες. Σε ορισμένους μεταγενέστερους πίνακες, ο Στας έχει χρησιμοποιήσει τα πρόσωπα ως βασικά στοιχεία, σε έργα που αναφέρονται σε φρικτά γεγονότα, όπως στις δύο εκδοχές του πίνακα «Τρόμος στα Ιεροσόλυμα», όπου σύμβολα του θανάτου και απειλητικά χέρια συνυπάρχουν

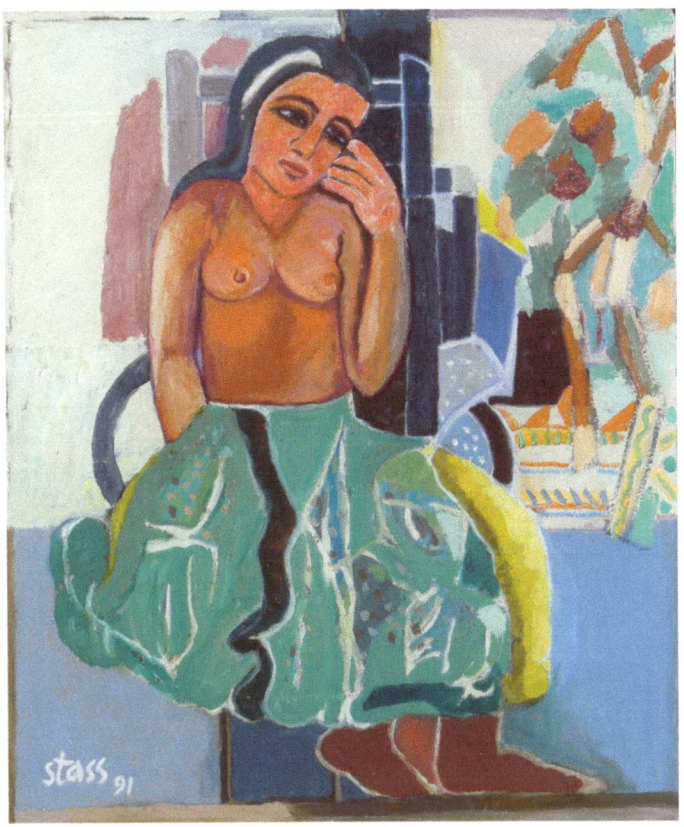

Η Σουναμίτις
λάδι σε καμβά
1991

σε άχωρες συνθέσεις, σαν να αποτελούν τις τυποποιημένες, συμβολικές και δημόσιες νεκρές φύσεις της εποχής μας. Η έγνοια του για κάθε επίθεση κατά των ανθρωπίνων δικαιωμάτων οδήγησε τον Στας, το 2000, να ζωγραφίσει την «Ελευθερία της Έκφρασης», κάθετο καμβά (60 x 90 εκ.) όπου ένας εφιαλτικός δυνάστης, αρχαίος και μοντέρνος, με παραπληρωματικά στοιχεία το συρματόπλεγμα, τείχος, και λίμνη αίματος, θριαμβεύει επί ανθρώπων και εφημερίδων που μίλησαν ανοιχτά για την ελευθερία. Πάνω στο πρόσωπο τού τέρατος, είναι εγγεγραμμένη μια σβάστικα.

Η ελευθερία είναι η ουσιώδης αξίωση τού Στας. Τυχόν περιστολή τής ελευθερίας, από την πολιτική ή από τη συμβατική κοινωνική μισαλλοδοξία, είναι γι᾽ αυτόν ανάθεμα, και εξεγείρει αυτό τον κατά τα άλλα καλοπροαίρετο και στοργικό άνθρωπο σε θυμό που χρειάζεται να εκφραστεί. Η τερατώδης εικονοποιία στην τέχνη του επιδρά ως εκκωφαντική ασυμφωνία ανάμεσα σε αρμονικούς και συνήθως απέριττους ήχους. Αυτό ίσχυε ήδη από το 1969, όταν ζωγράφισε το έργο «Κομουνιστική Προπαγάνδα» (83 x 60 εκ.).

Πρόκειται, ουσιαστικά, όχι για προπαγάνδα υπέρ ή κατά του κομουνισμού, αλλά για το ότι ο ίδιος είχε κατηγορηθεί από την ελληνική αστυνομία ότι ήταν κομουνιστής. Βρισκόταν στην Αθήνα, καθ' οδόν για την Κύπρο, μαζί με ομάδα φοιτητών. Αστυφύλακας εξέτασε ένα απ' τα σχέδια των φοιτητών και ανακοίνωσε: «Αυτό δεν είναι μοντέρνα τέχνη, αλλά κομουνιστική προπαγάνδα». Το αποτέλεσμα, όταν επέστρεψε στο Κάντερμπουρι, ήταν ο συγκεκριμένος πίνακας με δύο εν πολλοίς αφαιρετικές γυναίκες. Είναι καθισμένες. Η γυναίκα στα δεξιά τείνει προς την άλλη, ενώ η γυναίκα στα αριστερά μοιάζει να αποτραβιέται ελαφρά. Το κεφάλι τής πρώτης γυναίκας είναι δοσμένο σε προφίλ: κοιτάζει τη σύντροφό της. Το κεφάλι της άλλης γυναίκας είναι δοσμένο μετωπικά, αλλά πρόκειται για ένα τερατώδες πρόσωπο, πιο κοντά σε γλυπτό του Πικάσο παρά σε οποιοδήποτε ζωγραφισμένο πρόσωπο στην ιστορία της τέχνης. Τεχνοτροπικά, η όλη εικόνα ξεχωρίζει από το έργο του Στας, καθώς είναι συνειδητά στιλιζαρισμένη κατά τρόπο μετακυβιστικό. Στους πιο πρόσφατους πίνακες-διαμαρτυρία, προσθέτει κρανία και γκροτέσκες μάσκες στη χαρακτηριστική καλλιτεχνική του γλώσσα, ανακαλώντας ξανά τον Τζέιμς Ένσορ και την περιδεή παρέλαση του θανάτου και της ανθρωπότητας στην πιο άσχημη έκφανσή της.

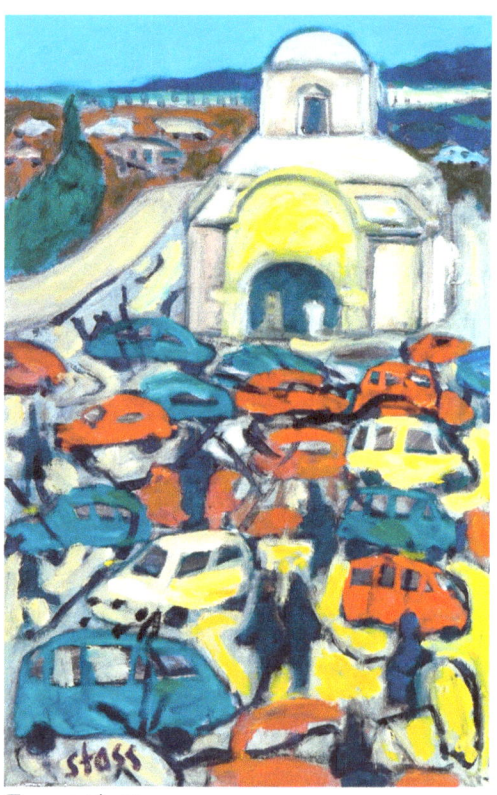

Τα αυτοκίνητα
λάδι σε καμβά
2001

Τι εύχεται ο Στας και τι ονειρεύεται; Το έργο «Παγανιστική Άνοιξη» (1968, 143 x 210 εκ.) είναι ίσως η πιο αισιόδοξή του δήλωση, και ένας απ' τους μεγαλύτερους πίνακες που έχει φιλοτεχνήσει. Οι διαστάσεις του όλου είναι 2:3. Οι δύο ορθογώνιες σκηνές στις οποίες μοιράζεται ο πίνακας καθορίζονται με ελεύθερο χέρι, και δεν είναι επιμελώς γεωμετρικές, προσδίδοντας, έτσι, σε αυτό που θα μπορούσε να ήταν μηχανικό πλέγμα, μια κάποια ροή και δυναμισμό. Όλες πλην μίας από αυτές τις μικρές περιοχές παρουσιάζουν εύθυμες, φιλικές εικόνες. Σε κάποιες κυριαρχεί ο έρωτας και ο πόθος, καθώς και άλλα γεγονότα ή εμβλήματα, όπως ένας λόφος με δεντράκια, τα οποία στέφει μια λαμπερή οπτασία ένα φτερωτό άλογο και μία ερμαϊκή στήλη δύο άλογα, πετούμενα, λουλούδια, και τα λοιπά. Το θέμα του είναι, προφανώς, η νιότη καθώς και η ενέργεια και τα όνειρα της νιότης (άνοιξης), απελευθερωμένης από αφύσικους περιορισμούς (ο παγανιστικός κόσμος). Η υπόλοιπη περιοχή παραμένει πράσινη, που απηχεί τη φύση αλλά μπορεί επίσης να συμβολίζει την ελπίδα. Φαίνεται ότι ο Στας αφήνει χώρο για μια μοντέρνα

μεταφορική σκηνή, κατ' αντιστοιχία προς τις άλλες. Η ανάπτυξη του πίνακα απορρέει από τη μεσαιωνική, και ειδικά την Ορθόδοξη χριστιανική τέχνη, ώστε το έργο να είναι έμπειρο σαν προσευχή απέναντι σε όλα όσα, στους μοντέρνους καιρούς, μας στερούν τη χαρά. Μπροστά

The Leeds University Newspaper
29 Νοεμβρίου 1969

από το πλέγμα των μικρών σκηνών βλέπουμε τον Γανυμήδη, τον νεαρό βοσκό, να μεταφέρεται στα επουράνια από τον αετόμορφο Ζευ, καθώς αφηγείται ο Οβίδιος. Κατά τον Μεσαίωνα, ο Γανυμήδης ερμηνευόταν κάποιες φορές ως πρόδρομος του Ευαγγελιστή Ιωάννη, ενώ ο αετός θεωρούνταν ως εικόνα του Χριστού.

Έχω τονίσει ότι ο Στας ήταν ανέκαθεν βιβλιοφάγος. Αξίζει εδώ να προσθέσω ότι έχει μελετήσει την κλασική μυθολογία, και έχει γράψει ένα βιβλίο με αυτό το θέμα, το οποίο κυκλοφόρησε για πρώτη φορά το 1981 και έκτοτε έχει επανεκδοθεί δύο φορές. Έχει επίσης δημοσιεύσει ποιήματα. Για να πω με απλά λόγια κάτι πολύπλοκο και πολύτιμο: ό,τι κληρονόμησε ο Στας από τη φαντασία, τις μυθολογίες του αρχαίου και πιο μοντέρνου καιρού, τον συνοδεύει ανά πάσα στιγμή, ακόμη και όταν η προσοχή του εστιάζει σε σύγχρονα ζητήματα. Ερμηνεύει το παρόν, επίσης, σε σχέση με το παρελθόν, κι αυτό είναι κάτι που προσδίδει στον σχολιασμό του μια πλατιά και διαχρονική συνάφεια. Ενδεχομένως, ο ίδιος θα έλεγε ότι το ίδιο ισχύει για οποιονδήποτε έχει βαθιές ρίζες στην Κύπρο και τη Μεσόγειο. Έχω την εντύπωση ότι αυτή η συνειδητοποίηση προσδίδει ακόμη και στους πίνακες διαμαρτυρίας, σε εκείνους δηλαδή όπου λέει «Όχι!» σε ό,τι συμβαίνει, ένα στοιχείο ή πλαίσιο θέρμης. Επί παραδείγματι, ο μετρίου μεγέθους πίνακας με τον μακρύ τίτλο «Δασκάλα της Καρπασίας και Εγκλωβισμένοι Μαθητές» (2000, 60 x 90 εκ.). Βλέπουμε το κεφάλι και τους ώμους της γυναίκας, σθεναρά και με αυτοπεποίθηση, κι έπειτα παρατηρούμε τα γκρίζα, φοβισμένα πρόσωπα των μαθητών, καθώς και κομμάτια από συρματόπλεγμα γύρω και μπροστά τους. Ο πίνακας αποτελεί έπαινο και ταυτόχρονα διαμαρτυρία: «Αναφέρεται σε μια πολύ γενναία γυναίκα που αψήφησε τον τουρκικό στρατό στην κατεχόμενη Καρπασία και συνέχισε να διδάσκει τα παιδιά του χωριού της σαν να ζούσε σε κανονικές συνθήκες. Υπέφερε προσβολές και εκφοβισμό για πολλά χρόνια, ώσπου εξαναγκάστηκε να φύγει».

Η φυσική έφεση τού Στας είναι να παρατηρεί τον γύρω κόσμο και να ονειρεύεται αισιόδοξα. Ο κόσμος, παρά τα πολλά του ελαττώματα, περιλαμβάνει τόσες χάρες, από τη λιακάδα, το τοπίο και τη θάλασσα μέχρι τα όμορφα μέρη, τους ανθρώπους (περιλαμβανομένων ωραίων ανθρώπων) κάποιοι απ' τους οποίους είναι φίλοι του, τον έρωτα και τις αβρές κοινωνικές συναντήσεις, καθώς και στιγμιότυπα από τη δουλειά του, στο στούντιο, στο κολέγιο τέχνης, όλα όσα μας καθορίζουν σε αυτό τον κόσμο. Πολλοί μοντέρνοι ζωγράφοι δεν μπορούν ή δεν θέλουν να το πουν, αλλά ο Στας δεν φοβάται την ηδονή, και μεγάλο μέρος της τέχνης του είναι θετικό. Χωρίς, όμως, πρόσθετα γλυκαντικά. Ανέκαθεν ζωγράφιζε γυμνά, και τα τελευταία χρόνια έχει φιλοτεχνήσει διάφορους πίνακες όπως «Επισκέπτες» (1997), «Γείτονες» (1999), «Ζωγράφοι» (2002) κτλ., όλα εγκάρδια στιγμιότυπα. Το έργο «Σκηνή Γάμου» (γκουάς, 1993, 37 x 28 εκ.) είναι ένα φιλικό στιγμιότυπο, με ελεύθερο χέρι, των νιόπαντρων με το ένα ζεύγος γονιών. Ο «Γάμος» (1987, 80 x 80 εκ.) είναι μια πολυπρόσωπη

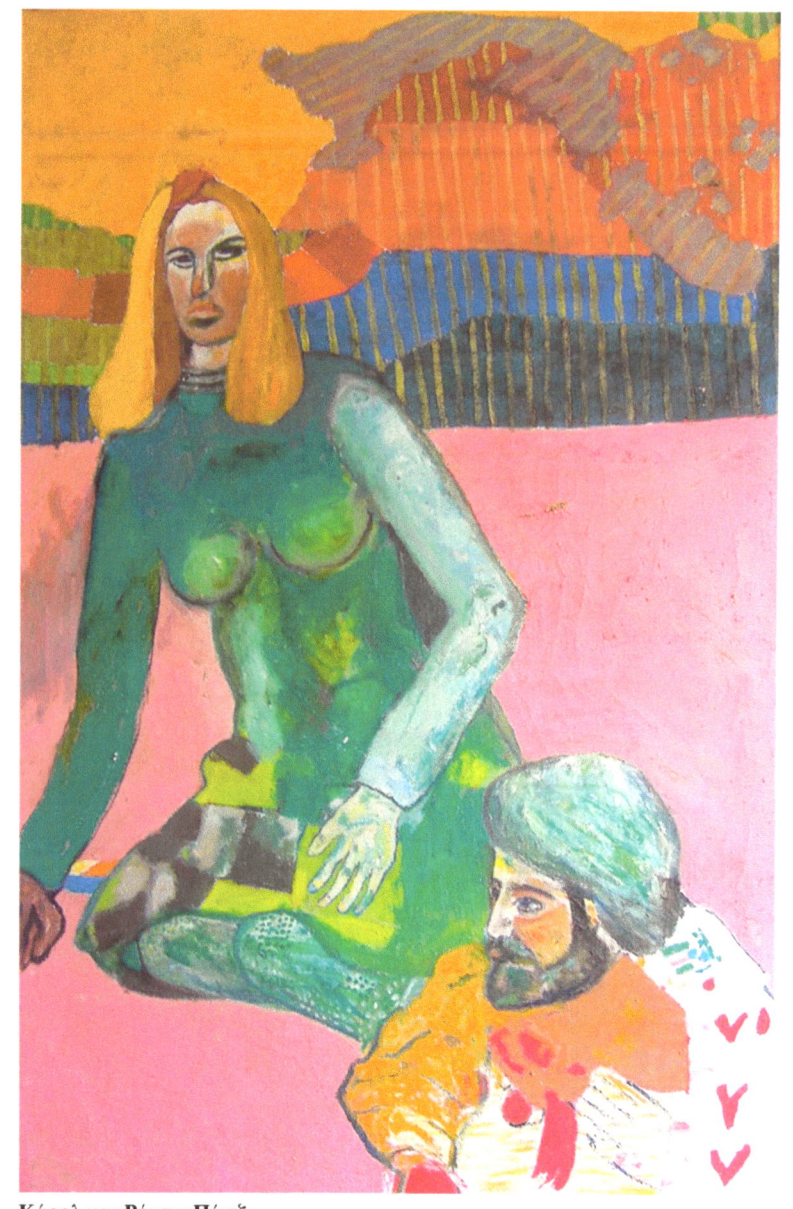

Κάρολ και Ρόμπιν Πέιτζ
λάδι σε καμβά
1965

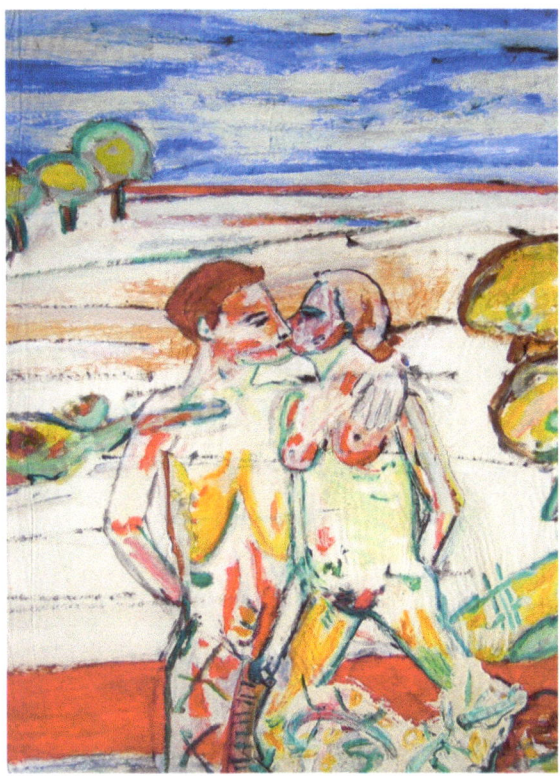

Εραστές και Ρομάντζα Β'
λάδι σε χαρτί
1966 (Προσχέδιο της Γκαλερί Τέιτ)

σκηνή καλεσμένων σε γάμο, εξωτερικά, ανάμεσα σε σπίτια: εγκαρδιότητα ξανά. Τον φιλοτεχνήσε για τον γάμο της κόρης του, Μάργκαρετ Παράσκου, με τον αρχιτέκτονα Κώστα Κουτσοφτίδη. Εξωτερική και εσωτερική λιακάδα διαπνέει τους συγκεκριμένους πίνακες.

Υπάρχουν αρκετές εικόνες μοντέλων, ντυμένων και άντυτων, και δύο ψυχαγωγικοί πίνακες του Στας στο στούντιο. Στον έναν απ' αυτούς, «Πορτραίτο του Καλλιτέχνη» (2002, 40 x 60 εκ.), ο ίδιος εμφανίζεται ως εικόνα εγκιβωτισμένη σε εικόνα, ανασηκωμένη σε καβαλέτο. Στα δεξιά του, το πάνω μισό ενός ωραίου κοριτσιού, ντυμένου. Στα αριστερά του, το μεγαλύτερο μέρος ενός γυμνού μοντέλου, ιδωμένου κυρίως από πίσω, και έχω την εντύπωση ότι το χέρι στην εσώτερη εικόνα τείνει προς το μέρος της με κάποια αδημονία. Σε άλλη σκηνή στο στούντιο, «Καλλιτέχνες στη Λέμπα» (2002, 40 x 60 εκ.), ο Στας στέκεται μπροστά σε πίνακα, σαν να τον περιεργάζεται. Είναι και άλλες φιγούρες εκεί, μάλλον σπουδαστές, ένας απ' αυτούς στο πάτωμα, να αγγίζει μια φωτογραφία. Εντούτοις, στην κάτω δεξιά γωνία, βλέπουμε μια

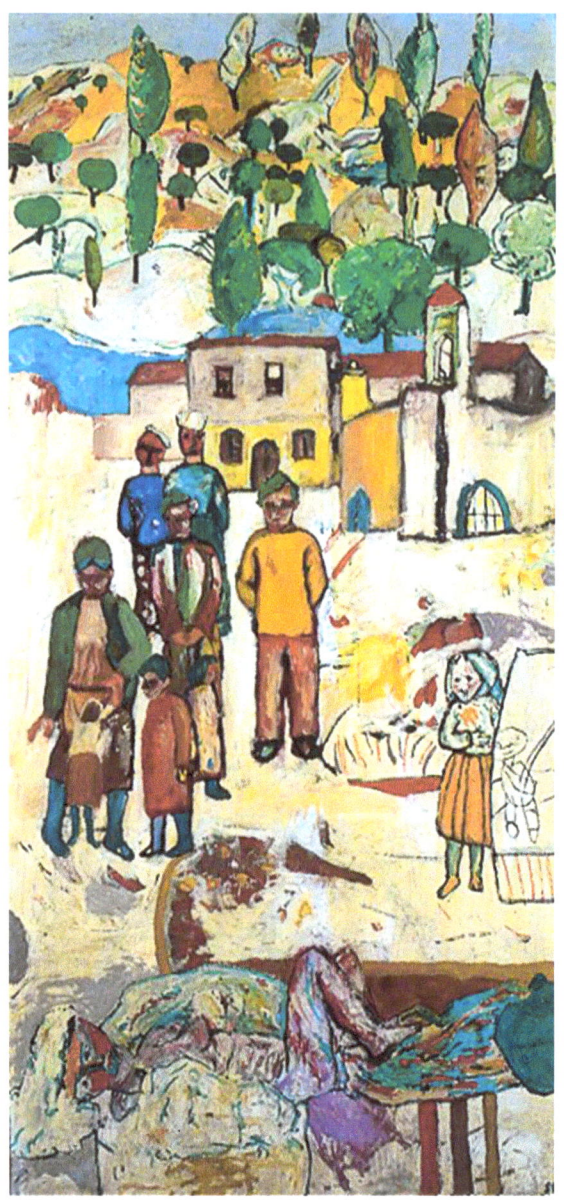

Τούρκοι Στρατιώτες Βιάζουν Κύπριες Γυναίκες
λάδι σε σανίδα
1974 (Συλλογή Τέχνης της Πόλης του Λιντς)

γυμνή κοπέλα να κρατάει μια εικόνα που δείχνει το κεφάλι του χάρου να φοράει κασκέτο (το κασκέτο του Στας;). Μας λέει ότι η ζωή είναι καλή αλλά σύντομη. Ξανά και ξανά, σε όλους αυτούς τους πίνακες, το κίτρινο φόντο μεταδίδει κέφι. Οι μορφές είναι δυνατές και μάλλον αδιαμόρφωτες μέσα στο περίγραμμά τους. Θα μπορούσαμε να ονομάσουμε τον τρόπο αυτό απλοποιημένο ρεαλισμό, με την έννοια ότι μας λέει απερίφραστα τι είναι το κάθε τι, χωρίς όμως να μπαίνει σε λεπτομέρειες, ούτε για επιπρόσθετες πληροφορίες, ούτε για διακοσμητικά. Σε μεγαλύτερο πίνακα, «Το Όνειρο της Κόκκινης Κοπέλας» (1997, 100 x 150 εκ.), δεσπόζει η επιμήκης φιγούρα της κοιμωμένης κοντά στο προσκήνιο, παρότι ανάμεσα σ' εμάς και σ' εκείνην παρεμβάλλονται συστάδες μικρών κτισμάτων, καθώς και ένας άντρας που στέκεται κοντά στο κέντρο της σύνθεσης και την κοιτάζει ασκαρδαμυκτί. Όλα αυτά, τοποθετημένα σε ένα τοπίο που σταδιακά αποκαλύπτει διάφορες πλασματικότητες, πέρα από τη μικροσκοπική κλίμακα των κτισμάτων. Ορισμένα απ' αυτά τα πράγματα φαντάζουν κάπως απειλητικά, όπως το οξύληκτο αντικείμενο που χειρονομεί στα δεξιά του, ίσως κάποιο είδος διψασμένου φυτού. Όμως, η γενικότερη αίσθηση είναι ονειρώδης, και το κίτρινο έδαφος και ο γαλανός ουρανός μάς καθησυχάζουν σε σχέση με τον

χαρακτήρα του ονείρου. Άλλος ένας μεγάλος, ονειρικός πίνακας είναι το «Όνειρο του Μάρτη» (ίδια χρονιά, ίδιο μέγεθος), όπου βλέπουμε πρώτα και κοντύτερα σ' εμάς, ένα νεαρό να κοιτάζει επίμονα μια κοπέλα που κοιμάται, ντυμένη, αλλά με τις γάμπες ακάλυπτες. Υπάρχουν πολλές άλλες φιγούρες, ζευγάρια και όχι μόνο, κι ένα ζευγάρι κεφαλών που φιλιούνται στον ουρανό, πλάι στη νέα σελήνη. Πρόκειται, προφανώς, για κάτι μη ρεαλιστικό, ενώ υπάρχουν και άλλα περάσματα στον πίνακα που δεν μπορούν να εξηγηθούν με

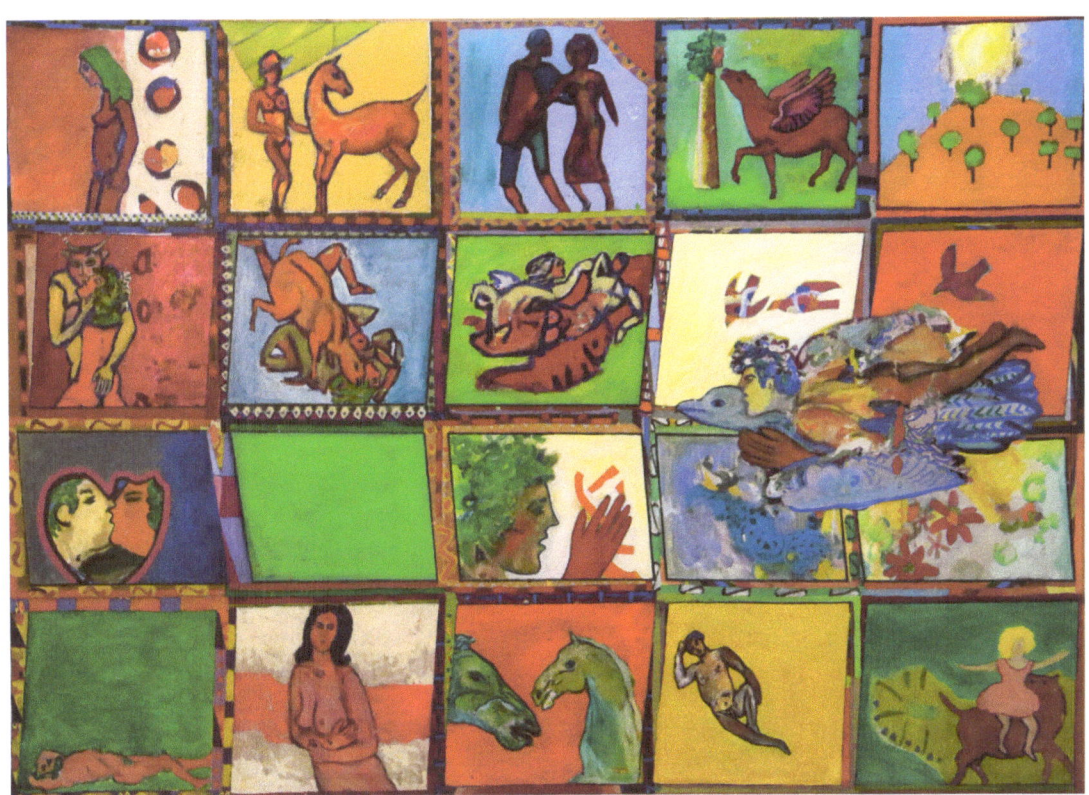

Παγανιστική Άνοιξη
λάδι σε καμβά
1968 (Κρατική Πινακοθήκη Κύπρου)

ρεαλιστικούς όρους. Και εδώ, λοιπόν, έχουμε μια ρεαλιστική μέθοδο που στεγάζει υπερρεαλιστική εικονοποιία και μεταφέρει τη σκηνή σε άλλο επίπεδο εμπειρίας.

Όλοι ζούμε στη φαντασία μας, τουλάχιστον τόσο όσο και στον «πραγματικό» κόσμο, και είναι παράδοξο που τόσοι υποτιθέμενοι φιλότεχνοι προσβλέπουν σε αυτό που οι ίδιοι αποκαλούν ρεαλισμό. Εξάλλου, ακόμη και ο πιο ρεαλιστικός πίνακας είναι ένα τεμάχιο μη πραγματικότητας, αφού αυτό που βλέπουμε, αυτό που παρατηρούμε, δεν είναι η υλική πραγματικότητα της μπογιάς πάνω στο ξύλο ή τον καμβά, αλλά ένα ψευδαισθητικό αντικείμενο ή μια ψευδαισθητική σκηνή. Εκ φύσεως, η τέχνη είναι ταυτόχρονα πραγματικότητα και μη πραγματικότητα. Ο Στας αποδίδει απόλυτη κυριαρχία στη συγκεκριμένη δυαδικότητα και σε άλλη μία φαντασίωση: «Ζωή στα Επουράνια» (1997, 100 x 150 εκ.). Αυτή η φαντασιακή σκηνή περιλαμβάνει ντυμένες και γυμνές φιγούρες, μεμονωμένες ή ανά ζεύγη, με τη συνοδεία αγγέλων και χερουβείμ, να αιωρούνται πάνω από μια ξαπλωμένη γυναίκα, πολύ μεγαλύτερη σε μέγεθος. Η γυναίκα μπορεί να κοιμάται. Ξαπλώνει κάτω δεξιά, γήινη και όμορφη. Κάτι στην έντονη αλλά παραμορφωμένη μορφή της θυμίζει Πικάσο. Τίποτα δεν δηλώνεται ρητά. Ο ουρανός θα μπορούσε να ήταν γη αλλά και θάλασσα. Υπάρχει μια ευρύτερη προσδοκία ευτυχίας.

Όταν ο Στας στρέφεται σε θρησκευτικά και μυθολογικά θέματα, δεν απομακρύνεται ιδιαίτερα από τη δική του πραγματικότητα. Αυτά τα παλαιικά θέματα και το σημασιολογικό τους φορτίο είναι μέρος της πνευματικής του ζωής, του περιβάλλοντός του.

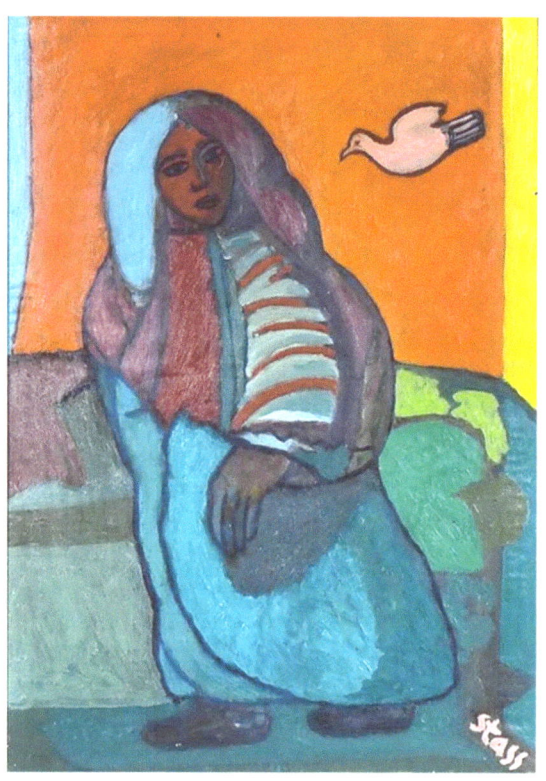

Η Τσιγγάνα
λάδι σε καμβά
1969

Ένας από τους πρώτους του πίνακες, ίσως μάλιστα ο πρώτος-πρώτος, είναι ο «Πόνος Μητρός», ζωγραφισμένος το 1957 σε ξύλινο πλαίσιο (62 x 42 εκ.). Τον επεξεργάστηκε εκ νέου πρόσφατα, επιβεβαιώνοντας και τονίζοντας τα περιγράμματα με τρόπο που αναδεικνύει την προσομοίωσή του σε εικόνισμα, τρόπον τινά, της Θεοτόκου και του Βρέφους. Μεταγενέστερος πίνακας, με τίτλο «Αγάπη», (1979, 50 x 65 εκ.) εικονίζει μια μητέρα με το παιδί της, ή τη Θεοτόκο και το Θείο Βρέφος, λεπταίσθητα και διακριτικά τοποθετημένους σε ένα πλαίσιο με αραβουργήματα που θυμίζουν έργο από σφυρήλατο σίδερο. Ο αγιογραφικός χαρακτήρας της εικόνας είναι αναπόδραστος, και επιβεβαιώνεται από άλλο πίνακα της ίδιας χρονιάς, με τίτλο «Δισταγμός και Αγωνία» (70 x 100 εκ.). Εδώ, εικονίζεται μια μορφή του

63

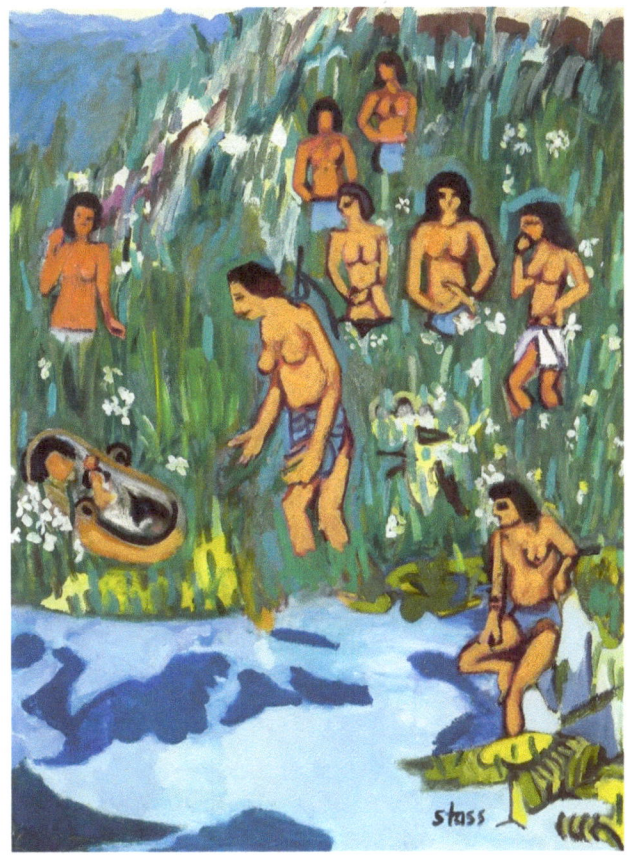

Η εύρεση του Μωυσή
λάδι σε καμβά
1999

Εσταυρωμένου, χωρίς τον Σταυρό, πάνω σε παρόμοιο φόντο με γραμμικά αραβουργήματι, ωστόσο βέλη δείχνουν προς τα τρυπημένα χέρια και πόδια του και, ανάμεσα σε εμάς και στην εικόνα, παρεμβάλλεται το πάνω μισό μιας παρατηρητικής φιγούρας, μιας σκοτεινής σιλουέτας, που έρχεται σε αντίθεση με τον ευανάγνωστο και εκφραστικό Χριστό. Ο τίτλος μάς οδηγεί ακόμα πιο πέρα: ο Στας αναφέρεται στην εισβολή του 1974 στην Κύπρο, και την αγωνία του νησιού, τη στιγμή που η Ελλάδα τής γυρίζει την πλάτη.

Καμιά φορά ζωγραφίζει βιβλικά θέματα. Μια ενότητα, την οποία είχε συνεχίσει για κάποια χρόνια, φαίνεται να αρύεται από το γεγονός ότι ο ίδιος είχε θέσει παρόμοια θεματική στους φοιτητές του στο Κάντερμπουρι. Το 1976 ζωγράφισε τον «Θάνατο του Λαζάρου» (56 x 76 εκ.). Κατ' ακρίβειαν, το συγκεκριμένο θέμα είναι σπάνιο στην ιστορία της τέχνης, σε αντίθεση με την Ανάσταση του Λαζάρου, που απεικονίστηκε πολλές φορές ως δραματική απόδειξη της δύναμης του Χριστού. Ο Στας έχει δημιουργήσει μια δραματική σκηνή όπου ο νεκρός κείτεται, περικυκλωμένος από πενθούντες, ζωγραφισμένους μάλλον αδρά, φωτεινές μορφές κόντρα σε σκοτεινές. Η «Αποκαθήλωση» (1987, 56 x 76 εκ.), επίσης έντονο φως κόντρα στο σκοτάδι, εικονίζει το ωχρό σώμα του Ιησού να μεταφέρεται από τεθλιμμένους ανάμεσα σε άλλες φιγούρες που εκφράζουν απόγνωση. Το 1996, χρησιμοποίησε εν πολλοίς την ίδια τονική αντίθεση για έναν κάθετο καμβά (86 x 66 εκ.) του Αγίου Νεοφύτου του Έγκλειστου, που έζησε στους λόφους πάνω απ' την Πάφο τον 12ο αιώνα.

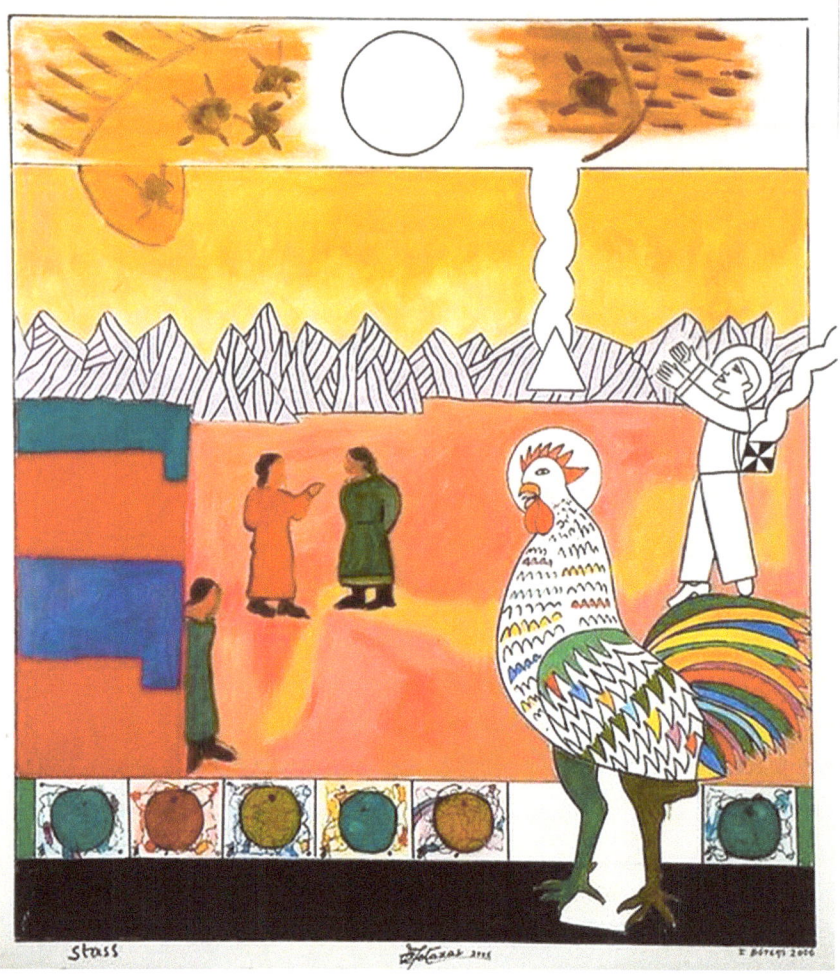

Με τον Στέφανο Μεταξά και τον Στέλιο Βότση
Άτιτλο
λάδι σε καμβά
2006

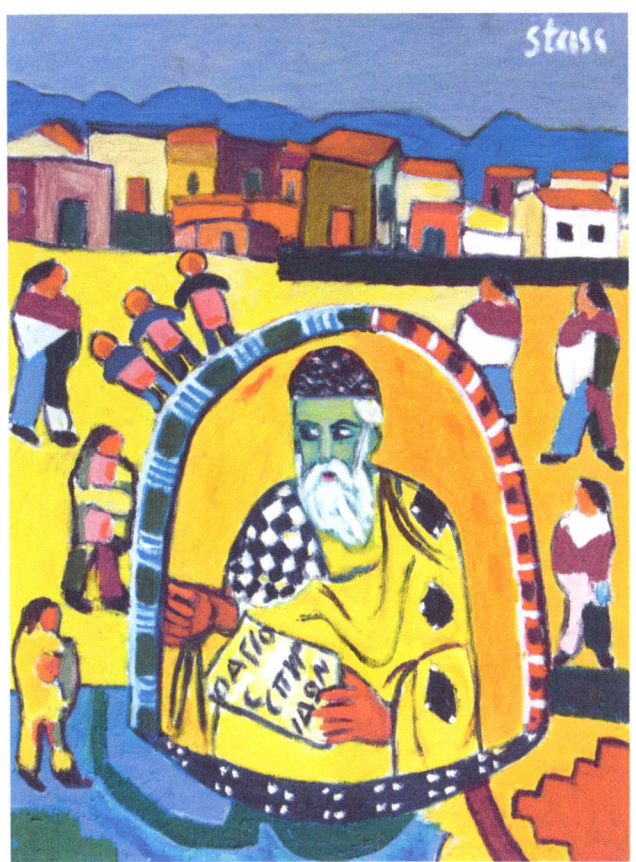

Άγιος Σπυρίδωνας
λάδι σε καμβά
1999

Ο «Οδυσσέας στον Κάτω Κόσμο» (1995, 75 x 100 εκ.) θα μπορούσε σχεδόν να εικονίζει την Εις Άδου Κάθοδον. Κατ` ακρίβειαν, αυτό το θέμα, προσφιλές στην Εκκλησία την εποχή του Μεσαίωνα, αντηχεί παρόμοια γεγονότα στην παγανιστική μυθολογία, με ήρωες τον Οδυσσέα, τον Ορφέα ή τον Ηρακλή. Στον πίνακα του Στας βλέπουμε πολλές περιληπτικές φιγούρες, αλλά και δύο μεγαλύτερες και πιο προβεβλημένες, που μπορεί να είναι ο ίδιος ο Στας και η σύζυγός του, Μαίρη. Ο ίδιος ο Οδυσσέας μοιάζει, στο παράστημα και τον χαρακτήρα, με άλλον Οδυσσέα του Στας, ζωγραφισμένο την ίδια χρονιά, στο έργο «Οδυσσέας και Καλυψώ» (96 x 76 εκ.). Όπως αφηγείται ο Όμηρος, η νύμφη Καλυψώ περιέθαλψε τον Οδυσσέα μετά το ναυάγιό του. Έζησε μαζί της για οκτώ χρόνια, και εκείνη του υποσχέθηκε αθανασία, φτάνει να την παντρευόταν και να έμενε εκεί. Ο Οδυσσέας, όμως, δεν δέχτηκε, αμετανόητα νοσταλγός της πατρίδας του και της Πηνελόπης, της γυναίκας του. Τον βλέπουμε, γυμνό και σε μάλλον εντυπωσιακή στάση, να απευθύνεται στην ημίγυμνη Καλυψώ, αβρή και θλιμμένη για την απόρριψή του. Η ανδρική φιγούρα ανακαλεί τον Ενγκρ, καθώς η κλασική μορφή αντιπαραβάλλεται αποτελεσματικά με τη γυναίκα, και προσδίδει στον πίνακα παγανιστική χροιά. Χωρίς την αντίθεση, η σκηνή θα ήταν μια μοντέρνα αντιπαράθεση άντρα-γυναίκας.

Ο πίνακας «Πειρασμός του Αγίου Αντωνίου», ζωγραφισμένος το 1997 (100 x 150 εκ.), προσομοιάζει πιο πολύ με άλλους μεγάλους πίνακες του Στας, της ίδιας χρονιάς, παρά με τους παλαιότερους, σκοτεινούς θρησκευτικούς πίνακες. Ίσως το ίδιο το θέμα να ενέχει κάτι διφορούμενο για το μοντέρνο, αγνωστικιστικό μυαλό. Εικονίζεται ο άγιος, ασκητική, μετά βίας αρσενική φιγούρα, καθισμένος μάλλον άβολα, να υποβαστάζεται από συντρόφους – μια απ' τις οποίες επιδεικνύει περήφανα το στήθος της. Στα αριστερά ορθώνεται ένα ψηλό γυμνό, που καταλαμβάνει σχεδόν όλο το ύψος του καμβά βάζει τον άγιο σε πειρασμό με ένα μήλο, καθώς και με την ομορφιά της, ενώ ο όφις έρπει εκεί κοντά. Τα χρώματα, όμως, είναι ζωηρά, η σκηνή πιο πολύ εύθυμη παρά ανησυχητική. Το πάτωμα στο εσωτερικό του κελιού του αγίου είναι κίτρινο· φυτά και άλλα μήλα προσθέτουν διακοσμητικές πινελιές, όπως κάνουν και οι αφαιρετικές κηλίδες χρώματος. Η ευρυστήθης γυναίκα με τα κίτρινα μαλλιά και τη λευκή φούστα φαντάζει πιο πολύ φίλη παρά επικίνδυνη γητεύτρα. Είναι ο ίδιος ο άγιος που φέρει αρνητική χροιά: μάλλον δεν πρόκειται να υποκύψει, αλλά αναρωτιέται κανείς αν είναι ακόμη ικανός να αισθανθεί πόθο.

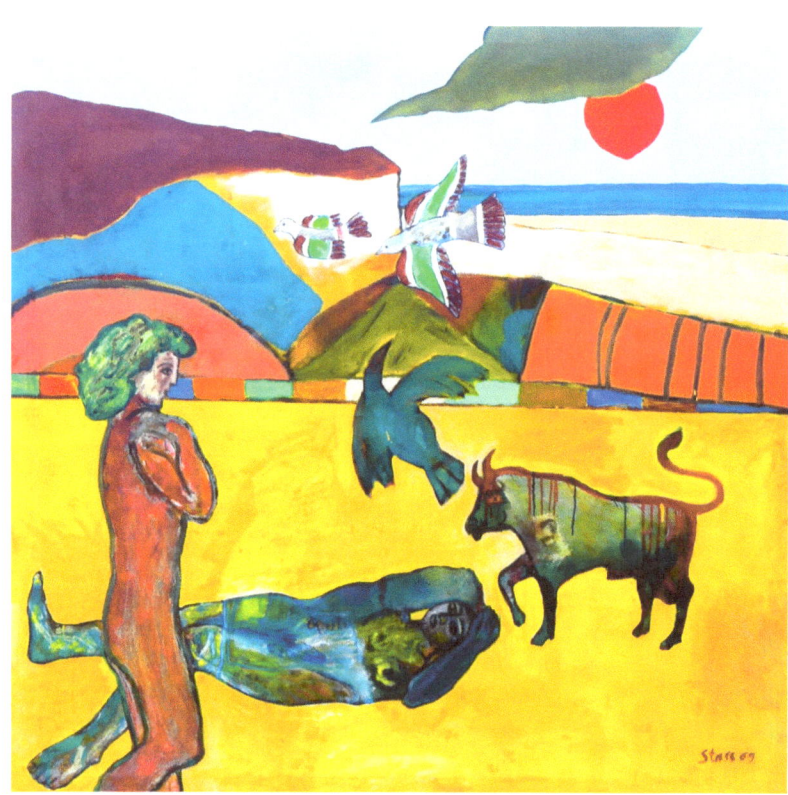

Ελεγείες
λάδι σε καμβά
1969

67

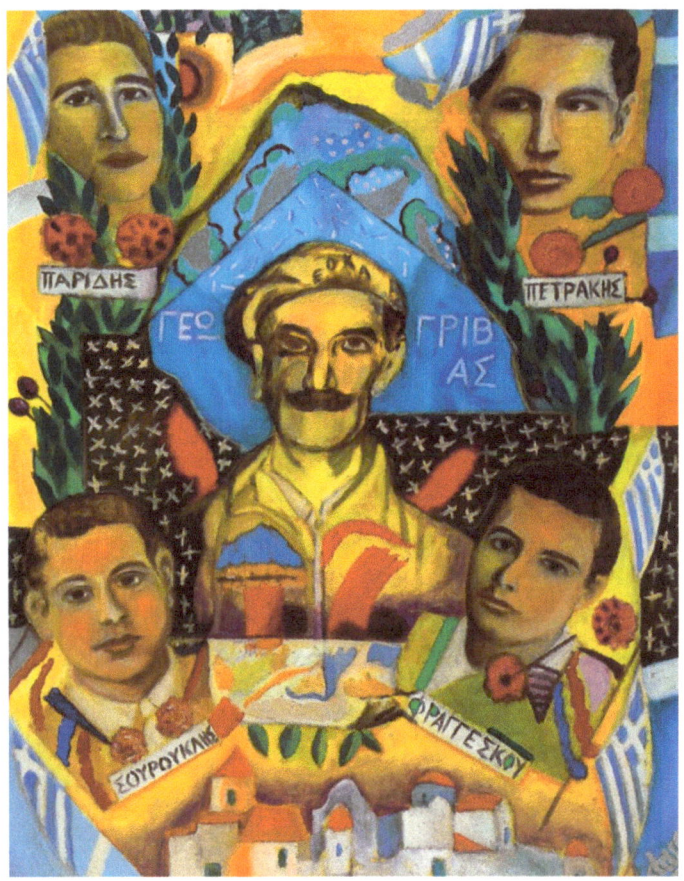

Λαϊκό Μοτίβο
λάδι σε καμβά
1971

Πολλοί μοντέρνοι ζωγράφοι έχουν δημιουργήσει γλυπτά. Ορισμένοι μοντέρνοι γλύπτες έχουν επίσης ζωγραφίσει. Καμιά φορά, στην περίπτωση του Πικάσο, ή και του Μικελάντζελο, αναρωτιόμαστε ποιαν ειδικότητα θα πρέπει να αποδώσουμε σε κάθε καλλιτέχνη. Ο Γκωγκέν, τόσο σημαντικός ζωγράφος, φιλοτέχνησε δυνατά γλυπτά έργα, πελεκητά και χυτά.

Την εποχή που ο Στας σπούδαζε στο Λιντς, οι διακρίσεις της παλιάς σχολής ανάμεσα σε ζωγραφική, γλυπτική και άλλα τμήματα καταρρίπτονταν, και οι φοιτητές καλούνταν να δουλέψουν με ένα φάσμα μέσων και τεχνικών, παραδοσιακών και νέων. Μπορούμε, ενδεχομένως, να προβούμε στην εξής διαπίστωση: για τον Στας, η ζωγραφική είναι η πρωταρχική απασχόληση, ενώ η γλυπτική είναι πρόσθετη πρακτική, στην οποία εγκύπτει κατά διαστήματα με προφανή ευαρέσκεια. Από το 1980 και εντεύθεν έχει κατασκευάσει αριθμό ξύλινων γλυπτών, ως επί το πλείστον από ευρεθέντα στοιχεία, στα οποία προσθέτει χρώμα και μοτίβα. Το «Δέντρο» (1980, 142 x 56 x 8 εκ.) είναι μια ζωηρή σύνθεση που μοιάζει να ξεκινά από τη βάση σαν συστάδα πύργων για να εξελιχθεί σε ανοδική σανίδα, η οποία επιστεγάζεται από διάφορες φόρμες, που περιλαμβάνουν φυλλώδη σχήματα. Κίτρινη,

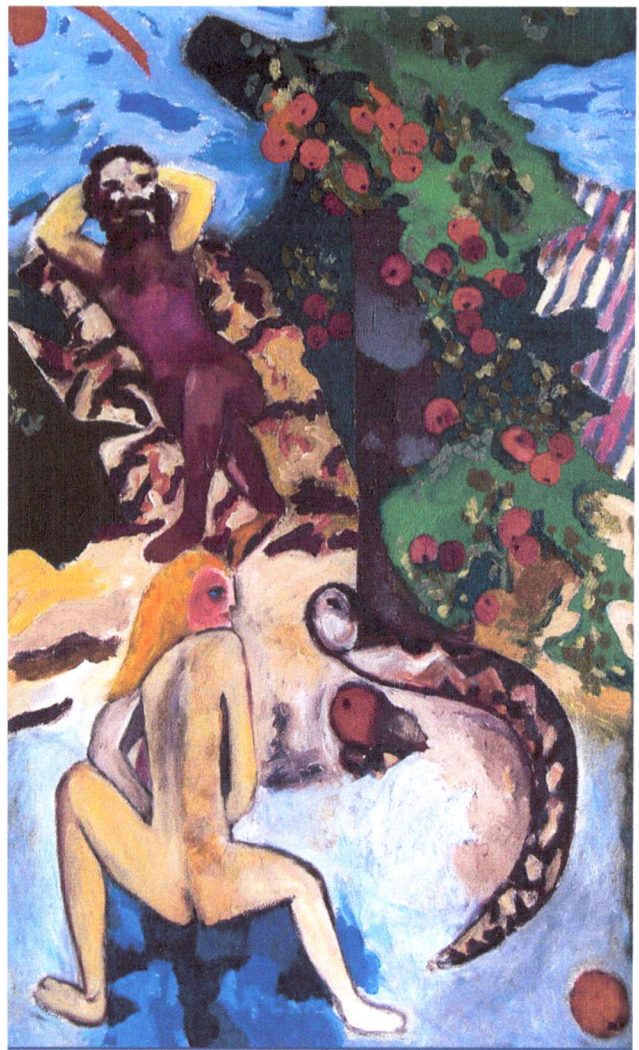

Ο Κήπος της Εδέμ (Πειρασμός)
λάδι σε καμβά
1997

λευκή και κόκκινη μπογιά προσδίδουν ευθυμία σε αυτό το αντικείμενο, που δεν προσποιείται ότι μιμείται οποιοδήποτε δέντρο στη φύση. Ο Στας φιλοτέχνησε ένα «Δέντρο Ποίησης» (αρχές της δεκαετίας του 1990, 425 x 92 x 92 εκ.) που υψώνεται στο φουαγιέ του Θεατρικού Οργανισμού Κύπρου, στη Λευκωσία.

Το έργο «Ειρήνη» (1995, 120 x 50 x 45 εκ.) είναι πολυσύνθετο και ιδιαίτερα ποιητικό. Στη βάση του, βλέπουμε το κεφάλι μιας γυναίκας, δοσμένο αρκετά νατουραλιστικά, και επίσης ένα χέρι που μπορεί να είναι σηκωμένο προς το μέρος της, ίσως για να την σιγήσει. Από το κεφάλι της, σαν να ισορροπεί πάνω σε αυτό, υψώνεται ένα βαρύ κομμάτι ξύλο, ενδεχομένως τεμάχιο από πεταμένο έπιπλο, μέσα από το οποίο ξεφυτρώνουν ποικίλα άλλα στοιχεία,

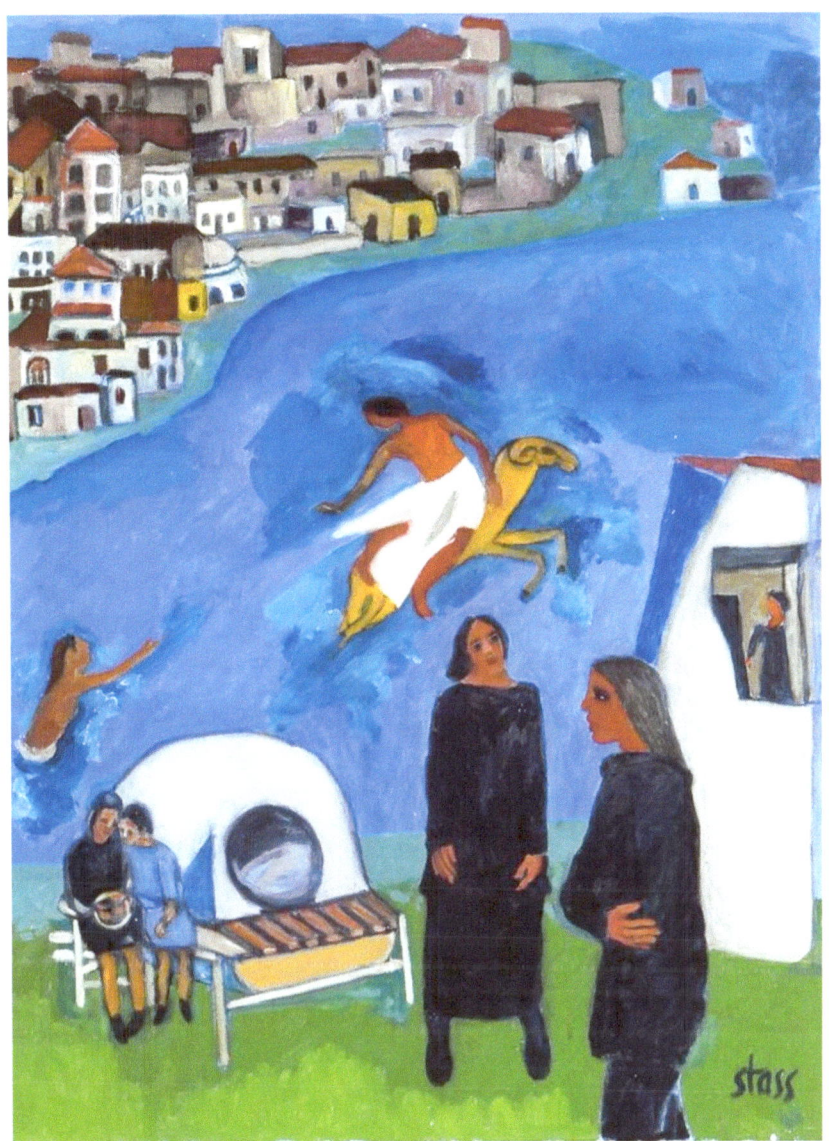

Φρίξος και Έλλη
λάδι σε καμβά
1988

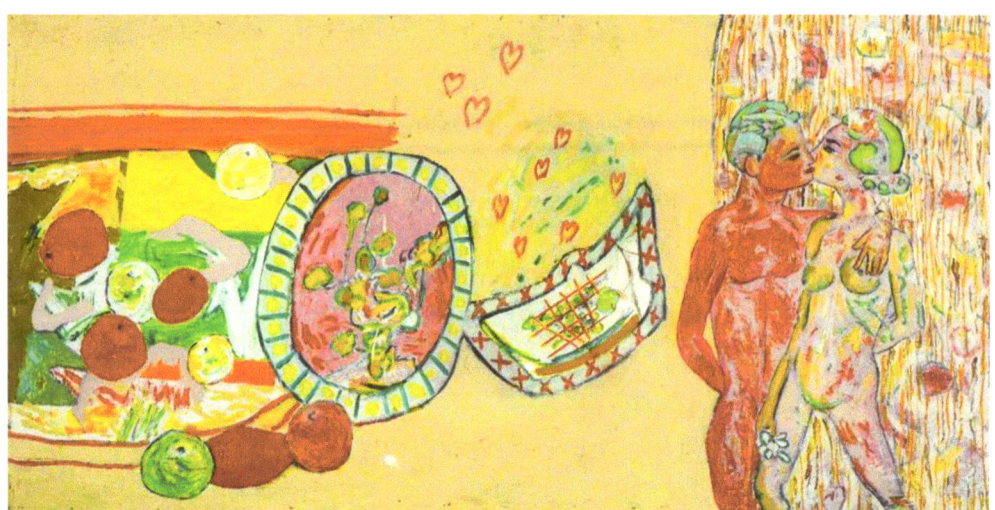

Η Αγκαλιά
λάδι σε σανίδα
1966

απαλές και σκληρές φόρμες, εξ ολοκλήρου αφαιρετικές, και άλλες που υπαινίσσονται άκρα ή εργαλεία. Στην κορυφή, ένα σκούρο σχήμα που μπορεί να είναι ένα δεύτερο κεφάλι. Σίγουρα, πάντως, υπάρχει και δεύτερο χέρι, παρόμοιο με το χέρι στη βάση. Φωτεινές και σκούρες περιοχές και στοιχεία κομίζουν εικαστική ποικιλία, και ένα μοτίβο χρωματιστών κουκίδων. Στην κορυφή, βρίσκεται επίσης και μια σανίδα, σχεδόν πίνακας, πάνω στο οποίο βλέπουμε το περίγραμμα του περιστεριού της ειρήνης, μαζί με τον κλάδο ελαίας. Άλλες φόρμες, οδοντωτές, όπως ένα πριόνι ή γαλλικό κλειδί, υπαινίσσονται σύγκρουση. Είναι προφανές ότι ο Στας έχει βαλθεί να δημιουργήσει ένα ευμεγέθες δημόσιο γλυπτό με τη συγκεκριμένη θεματική, ωστόσο όταν είχε επιλεχθεί να φιλοτεχνήσει ένα μεγάλο γλυπτό για τη Λευκωσία, οι διαρκείς παρεμβάσεις των επιτρόπων τον ανάγκασαν να εγκαταλείψει κάτι που θα μπορούσε να αποτελέσει, τόσο για τον ίδιο όσο και για το κοινό, σημαντική ανάληψη και έργο ζωηρό και σημαντικό. Κατ' ακρίβειαν, η «Ειρήνη» είναι προκαταρκτική μελέτη για ένα μεγαλύτερο γλυπτό που είχε προτείνει ο Στας για την είσοδο των νέων Δικαστηρίων Πάφου. Η πρότασή του απορρίφθηκε.

Δύο ξύλινες κατασκευές του 2001, ύψους περίπου 60 εκ., μοιράζονται τον τίτλο «Ψαράδες». Είναι όντως αλληγορικές, χωρίς να επιδιώκουν οποιονδήποτε βαθμό νατουραλισμού. Δυνατές φόρμες, με την υποστήριξη της ζωγραφικής, που αφ'ενός διακοσμεί τις φιγούρες και αφ'ετέρου τις ταυτοποιεί. Ένας απ' τους άντρες εικονίζεται σε πλάγια όψη (προφίλ), και κρατάει ένα ψάρι, σαν να το δείχνει στον συνάδελφό του. Ο άλλος εικονίζεται μετωπικά, είναι πιο δυσερμήνευτη φιγούρα, αν και διακρίνεται καθαρά ο αριστερός του βραχίονας. Κατά καιρούς, ο Στας έχει δουλέψει με μέταλλο, δημιουργώντας προπλάσματα, τα οποία χύτευε σε κρατέρωμα (μπρούτζο). Παράλληλα, όμως, απολάμβανε τη συγκόλληση μετάλλων, τεχνική που επιτρέπει τεράστια ελευθερία για τη διαμόρφωση διαφορετικών στοιχείων. Το 2002 φιλοτέχνησε τέτοιες μεταλλικές κατασκευές. Είναι, ως επί το πλείστον, μαύρες ή άβαφες, με εύγλωττες αποχρώσεις του μετάλλου, αν και μία είναι βαμμένη εξ ολοκλήρου σε ματ κίτρινο. Η καθεμιά έχει ξεχωριστό χαρακτήρα. Όλες τους είναι κάθετες συνθέσεις. Ορισμένες υπαινίσσονται φιγούρες, ειδικά όταν στέκονται πάνω σε δύο σημεία. Άλλες

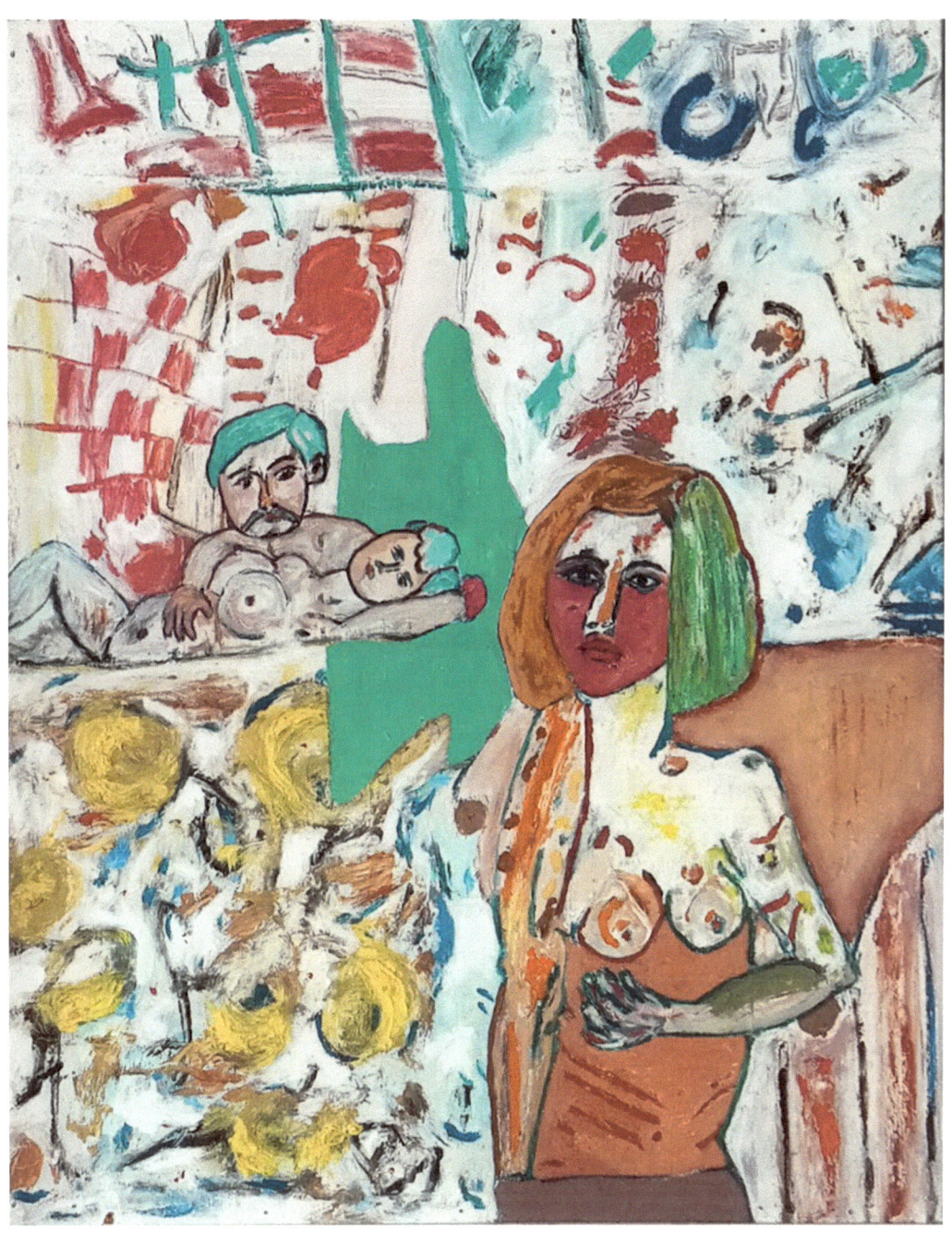

Η Απώλεια της Αθωότητας
λάδι σε σανίδα
1966

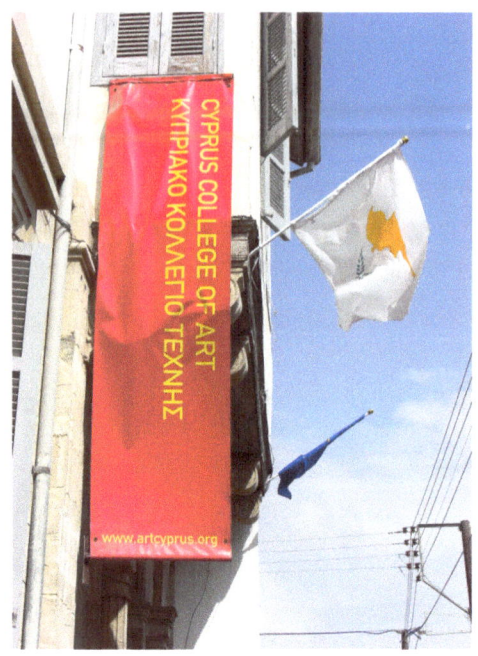

Η Είσοδος του Κυπριακού Κολεγίου Τέχνης στη Λάρνακα, 2012

παραμένουν αρκετά αφαιρετικές, παρότι οι σύνολες φόρμες τους, ή τα στοιχεία από τα οποία έχουν κατασκευαστεί, ενδέχεται να ενέχουν συνειρμούς. Μια τοξωτή κατασκευή, με τίτλο «Πύλη» (117 x 94 x 50 εκ.), όντως προσομοιάζει με είσοδο, εντούτοις στη βάση της υπάρχουν άλλες, πιο συμπαγείς φόρμες, και στις γραμμές τής πύλης εισβάλλουν έτερες γραμμικές φόρμες, μια χωρική γραφή που ελκύει την προσοχή ως να ήταν ένας απλός κώδικας. Όσα γλυπτά έργα του Στας έχω δει είναι αφ'εαυτά ενδιαφέροντα, ενίοτε συναρπαστικά και εγκαρδιωτικά. Θα πρέπει να γίνουν ευρύτερα γνωστά.

Πώς μπορούμε να συσχετίσουμε τα γλυπτά με τους ζωγραφικούς πίνακες του Στας; Οπτικά, τα γλυπτά μοιάζουν αρκετά διαφορετικά, και οι μέθοδοι που προϋποθέτουν – πριόνισμα, συναρμολόγηση, και βάψιμο στην περίπτωση των ξύλινων κατασκευών – κόψιμο, συναρμολόγηση και, κάποτε, προσθήκη χρώματος για τις κατασκευές από συγκολλημένο μέταλλο – πρέπει να διαφέρουν χαρακτηρολογικά από τις μεθόδους που εφαρμόζει όταν ζωγραφίζει πίνακες. Σε μεγάλο βαθμό, τα υλικά και οι μέθοδοι καθορίζουν τη σχέση κάθε καλλιτέχνη με το έργο του, όπως αυτό εξελίσσεται. Όμως, ο καλλιτέχνης παραμένει ο ίδιος άνθρωπος, και η διαδικασία δεν είναι εξ ολοκλήρου διαφορετική. Κυρίως, δεν πρέπει να υποτιμούμε τον βαθμό στον οποίο συναρμολογούνται οι πίνακες του Στας, και δεν εννοώ χειροπιαστά (παρότι, όπως στο έργο «Φόρος Τιμής στον Μπεν Νίκολσον», έχει κατά καιρούς χρησιμοποιήσει το κολάζ ως φυσική μέθοδο που ομοιάζει με τη συναρμολόγηση). Εννοώ ότι εφευρίσκει τα θέματά του, αποφασίζει πώς να σκηνοθετεί τις σκηνές του και να αναδεικνύει τα νοήματά τους μέσα από μια διαδικασία πνευματικής συναρμολόγησης. Η ιδέα που δίνει το έναυσμα για έναν πίνακα, ακόμη και αν πρόκειται για πίνακα που έχει ξαναζωγραφίσει, ή μάλλον ειδικά αν πρόκειται για κάτι τέτοιο, υλοποιείται στον καμβά καθώς δουλεύει. Η μια φόρμα υπαινίσσεται την άλλη· ένα μοτίβο αξιώνει απάντηση από άλλο μοτίβο. Μια συμβολική πρόσθεση μπορεί να αναδείξει το νόημα της εικόνας αλλά και να ολοκληρώσει την εικαστική της παρουσίαση. Όλα αυτά ισχύουν και για τα γλυπτά. Όταν ο Στας δημιουργεί μορφές, όπως στους «Ψαράδες», προσεγγίζει τις σκηνές που περιβάλλουν τον ίδιο. Μπορώ να τον φανταστώ να δημιουργεί έναν εξαίσιο Διόνυσο ως ξύλινη κατασκευή, όχι ανόμοια με τον Διόνυσο που ζωγράφισε το 1999. Όταν ο Στας δημιουργεί λίγο-πολύ αφηρημένα γλυπτά με συγκολλημένο μέταλλο, μπορεί να φαίνεται πιο πολύ ότι δημιουργεί σχέδια, όμως στην πραγματικότητα πολλοί πίνακές του περιλαμβάνουν κυρίαρχα γραμμικά στοιχεία και άλλες φόρμες που, εκτός συγκειμένου, είναι αφηρημένες. Η ώριμη τεχνοτροπία του Στας ως ζωγράφου, με τη σύμμειξη μετά-γκωγκενικών μέσων εκφραστικής αναπαράστασης (τα οποία περήφανα αποκαλεί «παλιομοδίτικα»), με δραστικά στοιχεία που ανελκύει από μεσογειακές παραδόσεις

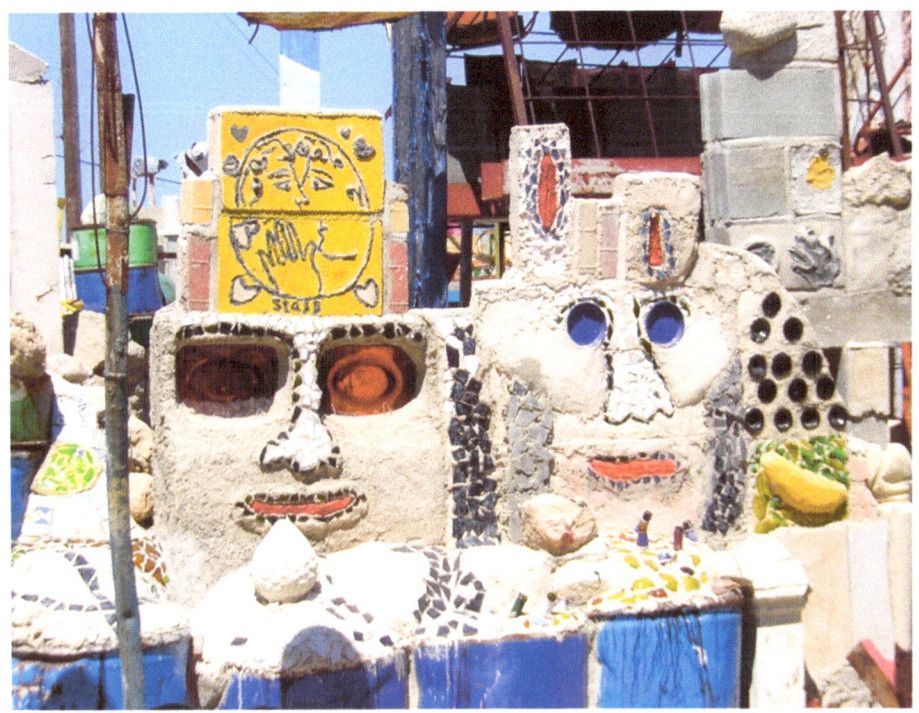

Μέρος του Μεγάλου Τείχους της Λέμπας 2001

θρησκευτικής τέχνης και από ένα ευρύ φάσμα λαϊκής τέχνης – ένα σύμπλεγμα προσκολλήσεων που θα ενέκρινε ο Γκωγκέν – εμφανίζεται διακριτή από τη γλυπτική του τεχνοτροπία, η οποία οφείλει κάτι στη σουρεαλιστική ιδέα του μυστηριώδους, συναρμολογημένου αντικειμένου και στο κύμα της συγκολλημένης γλυπτικής, που αναπτύχθηκε διεθνώς τις δεκαετίες του 1950 και 1960 Η χρήση ευρευθέντων κομματιών ξύλου ή μετάλλου δεν διαφέρει εντελώς από την ευφάνταστη καθέλκυση του Στας σε ένα διανοητικό απόθεμα πραγμάτων, ορατών στη ζωή και την τέχνη. Όπως ακριβώς οι ευρεθείσες φόρμες που χρησιμοποιεί στα γλυπτά του έργα τον παρακινούν να τους αποδώσει νόημα αυτόνομο ή μέσα από την προσθήκη άλλων φορμών, έτσι λοιπόν τα σχήματα και οι εικόνες που μεταχειρίζεται στους πίνακές του διαδραματίζουν γόνιμο ρόλο για τον εμπλουτισμό τους. Και στις δύο περιπτώσεις πρόκειται για ενεργά, συνεργατικά στοιχεία: δεν πληρούν απλώς μια προκαθορισμένη έλλειψη. Ο Στας αυτοσχεδιάζει διαρκώς, αλλά το κάνει μέσα από απέραντη εμπειρία και γνώση.

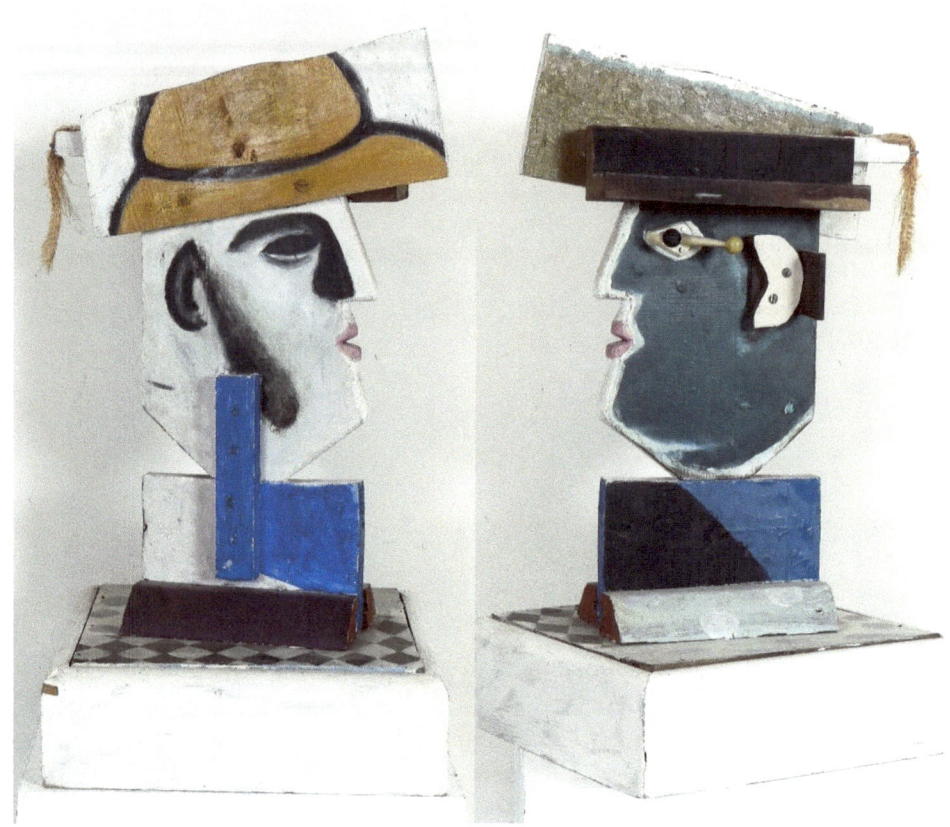

Ο Κυβερνήτης
μεικτή τεχνική
1986

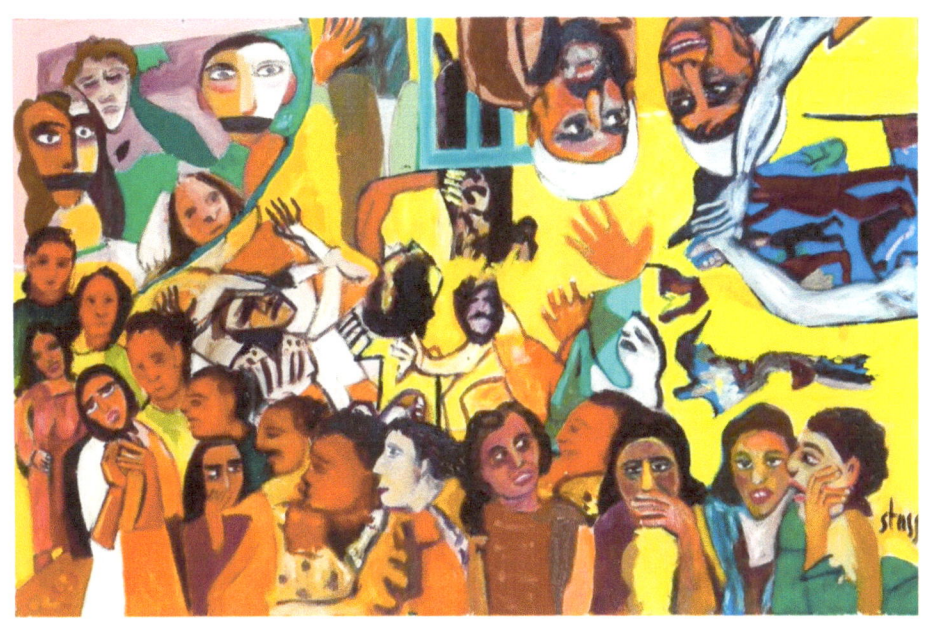

Η Δολοφονία του Δημοσιογράφου
λάδι σε καμβά
2002

«Βλέπεις, η τέχνη των διασημοτήτων σήμερα είναι η τέχνη των ολιγαρχών, των χρηματιστών, των σεΐχηδων της Αραβίας, που ανέλαβαν και κατευθύνουν τα αιώνια ενδιαφέροντα της τέχνης. Δεν μου αρέσει εμένα αυτό το πράγμα. Στην Κύπρο κάτι παρόμοιο συμβαίνει με το Κέντρο Τεχνών στη Λευκωσία, που κατευθύνει την πορεία της κυπριακής τέχνης»

ΣΤΑΣ ΠΑΡΑΣΚΟΣ

Η πρακτική του Στας, τόσο ως ζωγράφου όσο και ως γλύπτη, ως δασκάλου και ενίοτε συνεργάτη, ενσαρκώνεται σε αυτό που ο γιος του, ιστορικός τέχνης Μιχαήλ Παράσκος, έχει βαφτίσει «Το Μεγάλο Τείχος της Λέμπας».

Το 1981, ο Στας μετέφερε το Κολέγιό του από την Πάφο – που εξελισσόταν ραγδαία σε πολύβουο τουριστικό κέντρο – στη Λέμπα, μερικά μίλια βορειότερα, σε ένα εν πολλοίς ερημωμένο χωριό, όπου δούλευαν τότε αρχαιολόγοι από το Εδιμβούργο, σε έναν από τους αρχαιότερους οικισμούς της Κύπρου, κατά την κρίση τους. Πέραν τούτου, το μέρος έπνεε τα λοίσθια. Το Υπουργείο Παιδείας και ο Δήμος Πάφου βοήθησαν τον Στας να ανακαινίσει ορισμένες αγροικίες για τη διαμονή των σπουδαστών και να αξιοποιήσει ένα σχολείο που είχε περιπέσει σε αχρησία, στον πυρήνα του χωριού. Έκτοτε, μαζί με τους βοηθούς του και τους σπουδαστές, ο Στας έχει προσθέσει ελαφριές δομές στούντιο. Όλα τα κτίσματα, παλιά και νέα, υψώνονται απέριττα σε ένα κομμάτι γης, που κατά τα άλλα καταλαμβάνεται από πορτοκαλιές, συκιές και άλλη βλάστηση. Η φύση, μαζί με το φως, το σκοτάδι και τον καιρό, μοιράζεται το έδαφος με τις απλές περιφράξεις του Κολεγίου. Την εξωτερική διάμετρο διατρέχει το γλυπτικό τείχος, ένα πράγμα ζωντανό, που διαρκώς μεταβάλλεται.

Ο Στας έχει δηλώσει ότι ελπίζει σύντομα να το τελειώσει. Αναρωτιέται κανείς αν κάτι τέτοιο είναι εφικτό. Μπορεί, πάλι, να αναγκαστεί να ξεκινήσει ένα καινούριο τείχος ή ίσως ένα συνεργατικό μνημείο σε κάποιο κεντρικό σημείο της Λέμπας (η οποία, ειρήσθω εν παρόδω, δεν διαθέτει κέντρο). Δεν μπορώ να φανταστώ ότι θα κορεστεί ποτέ η παρόρμησή του. Ήδη, όμως, το τείχος είναι διάσημο: δεν προσελκύει μόνο τουρίστες με τις φωτογραφικές τους, αλλά και ΜΜΕ διαφόρων χωρών. Πιο πρόσφατα, το BBC το συμπεριέλαβε σε τηλεοπτική εκπομπή για το νησί, ενώ η Λέμπα αναβιώνει χάρη στο Κολέγιο και το τείχος του. Αυτό από μόνο του θα μπορούσε να μετατρέψει τον Στας στον Γκαουντί της Κύπρου – μια σύνδεση που κανένας απ' τους δύο δεν θα αποδεχόταν απόλυτα, καθώς ο αείμνηστος Καταλανός αρχιτέκτονας, ό,τι κι αν πιστεύουμε για τα κτίριά του και τις διακοσμητικές και γκροτέσκες σπηλιές και τα παγκάκια του, ήταν αμεταμέλητος φασίστας.

Πάνω απ' όλα, το τείχος αποτελεί σημαντική δράση ανακύκλωσης. Σπουδαστές και επισκέπτες καθηγητές δημιουργούν γλυπτά και άλλα αντικείμενα, και συχνά τα αφήνουν εδώ όταν φύγουν. Η καθημερινή ζωή προσθέτει τα δικά της ερείπια. Φίλοι και γνωστοί, ίσως ανακαινίζοντας ή αναδομώντας τη Λέμπα, δίνουν στον Στας διάφορα κομμάτια – περίθυρα, περσίδες, παλιά κεραμίδια στέγασης, αχρησιμοποίητους οπτόπλινθους εξαερισμού και πλάκες σκυροδέματος, και άλλα. Όλα αυτά τα πράγματα είναι πολύ πιθανόν να ενσωματωθούν στο τείχος. Εκεί βρίσκεται και μια μπετονιέρα για να παράσχει το βασικό υλικό, αφ' ενός για να συγκολλεί τα διάφορα συστατικά, και αφ' ετέρου για να χυτεύονται νέες φόρμες. Μαζί με σωρούς άδειων μπουκαλιών κρασί (από πού να προέρχονται;), το μπετόν φτιάχνει καλούς τοίχους. Εξάλλου, τα καλούπια μπορούν να επικαλυφθούν με διακοσμητικό μωσαϊκό, από σπασμένα κεραμίδια και κομμάτια χρωματιστό γυαλί. Με κουράγιο και μερικές αντηρίδες, μπορούν να κατασκευαστούν μεγάλα τόξα (και έπειτα να αφαιρεθούν οι αντηρίδες, μόλις δέσει το μπετόν, διανθισμένο με κεραμίδια στέγασης). Πέτρες, κονίαμα ή τσιμέντο μπορούν να δημιουργήσουν βάθρα, που θα επικαλυφθούν από άλλα γλυπτά έργα, ας πούμε μια

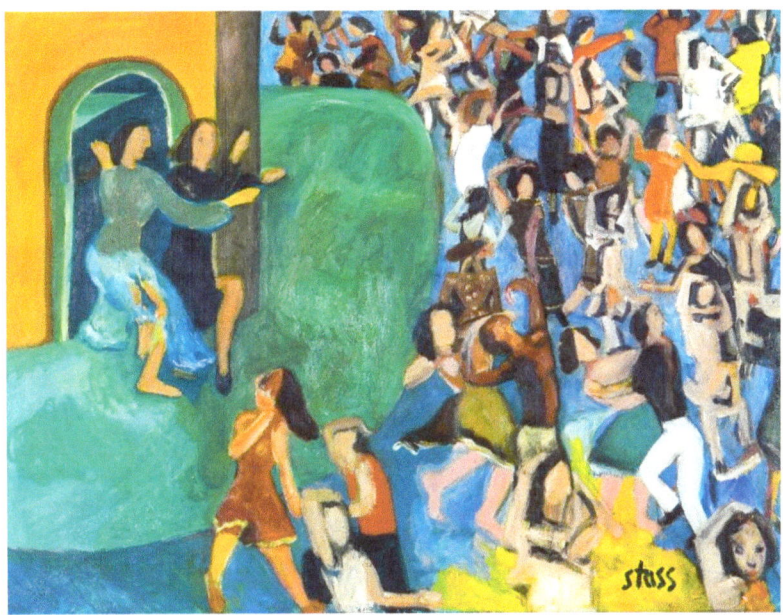

Στην ντίσκο
λάδι σε καμβά
1996

μεταλλική κατασκευή ή ένα λευκό τσιμεντένιο ελέφαντα. Μεγάλες παλάμες ενισχύουν την απλή πινακίδα που υποδεικνύει το «Κυπριακό Κολέγιο Τέχνης» και δείχνουν τον δρόμο προς τα μέσα. Μια ευμεγέθης γυμνή κυρία γενναιόδωρων διαστάσεων κάθεται απ' έξω για να υπενθυμίζει στους περαστικούς τι θα πει τέχνη. Ανεικονικές και παραστατικές εικόνες συνυπάρχουν σε ένα εντελώς απρόβλεπτο και απόλυτα τερπνό συνονθύλευμα. Εδώ κυριαρχεί το σουρεαλιστικό πνεύμα, στην πιο παιγνιώδη έκφανσή του, χωρίς κακά όνειρα και επώδυνα ταμπού. Αυτειν τέρατα τύπου Μιρό, παρά εφιάλτες του Νταλί. Δύο υποσχόμενες γυναικείες γάμπες δεν υποστηρίζουν ανθρώπινο κορμό, αλλά ένα αφηρημένο κομμάτι που θυμίζει πλαίσιο με περσίδες σκίασης. Μέσα, κοντά στο τείχος, συναντάμε μια περιδεή καθισμένη γυναίκα, τη Δήμητρα ίσως, θεά της γονιμότητας και της γεωργίας, και άμεσα συνυφασμένη με τους σπόρους που χρειάζονται για ψωμί. Την πλησιάζουμε μέσα από μια πύλη φτιαγμένη από τσιμεντένια κομμάτια στη μια πλευρά, ένα αχρηστευμένο πλαίσιο από σιδηροδοκούς στην άλλη, και ένα μεταλλικό χωνί στην κορυφή. Κατά τόπους ξεπροβάλλει μια μάσκα ή ένα κεφάλι, αναντίρρητα σημάδια ότι εδώ υπήρξαν άνθρωποι.

Κατά τα άλλα, καμιά φορά αναρωτιέται κανείς αν όλα αυτά αποτελούν αρχαία ερείπια ή ακόμη και κατάλοιπα κάποιου φυσικού κατακλυσμού.

Κατ' ακρίβειαν, η συνειδητή απόφαση να συνδυαστούν διάφορα πράγματα σε ένα έργο τέχνης, που θα αποτελούσε συνάμα το τείχος του Κολεγίου, λήφθηκε το 1992, και έκτοτε αναπτύσσεται γοργά. Ο αυτοσχεδιασμός δεσπόζει. Μπορεί κάποια πράγματα να αφαιρεθούν ή να αλλάξουν στα κρυφά, αναλόγως του τι προσφέρεται για ενσωμάτωση ή και μεταμόρφωση. Μεγάλα και μικρά, ογκώδη ή γραμμικά, άρα διάφανα, χρωματιστά ή σκέτα ή ξεθωριασμένα κάτω από τον γαλανό ουρανό, όλα τα πράγματα συγχωνεύονται εδώ. Διασκέδαση, μικρές χαρές, μεγάλα αστεία, και πού και πού μια αλλόκοτη ή τρομακτική μορφή συναντώνται σε κάτι που απειλεί να γίνει κάτι σαν γραμμική καλλιτεχνική ζούγκλα, ένα μνημείο στους τρόπους των ανθρώπων που καλλιεργούν πράγματα μέσα σε αυτό που παραμένει εν πολλοίς ο κόσμος της φύσης. Μόνο μια αργή, μάλλον αργόσχολη, επίσκεψη μπορεί να αποκαλύψει τα πάντα: οι φωτογραφίες προσφέρουν μόνο δείγματα. Κάποια στοιχεία δίνουν την εντύπωση μνημειακότητας. Ο Στας έχει επισκεφτεί την Αίγυπτο, την πρώτη φορά το 1988, και συγκινήθηκε από το ασύλληπτο μέγεθος πολλών απ' τα αρχαία γλυπτά και κτίσματα. Το τείχος της Λέμπας δεν μπορεί να αναμετρηθεί με τις πυραμίδες, αλλά στη δική του κλίμακα ξέρει πώς να επεξεργάζεται το μεγάλο έναντι του μικρού, το βαρύ έναντι του ανάλαφρου. Ίσως ο σπουδαιότερος θρίαμβος του τείχους είναι η αντίστασή του σε μια συνειδητή αισθητική, είτε αυτή είναι καλαίσθητη ή ακαλαίσθητη. Όπως και η φύση, ζει.

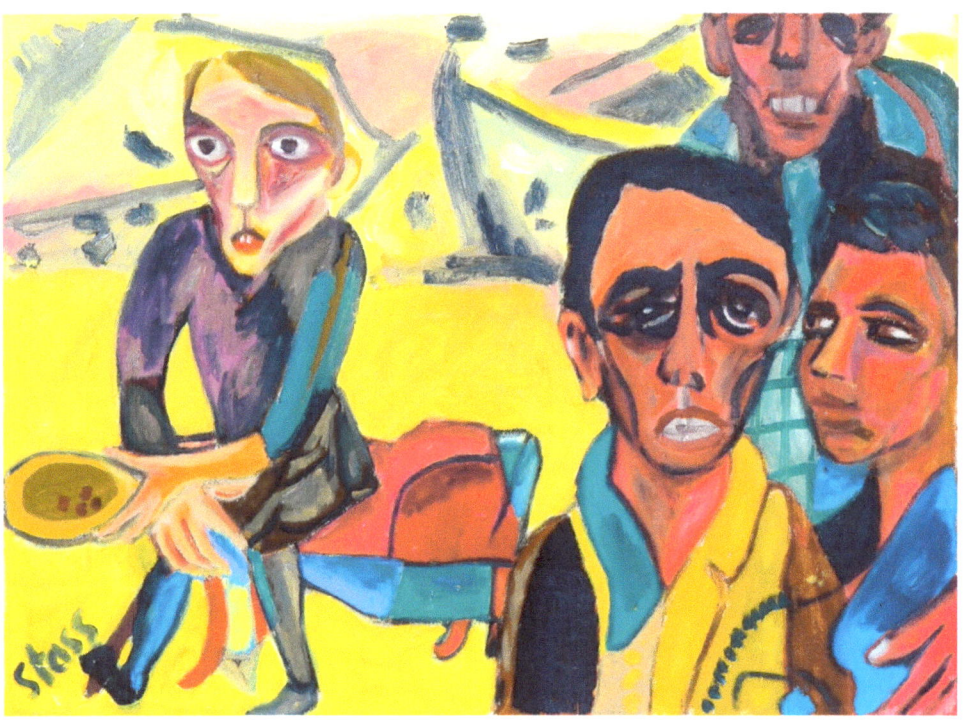

Οι λαθρομετανάστες
λάδι σε καμβά
1998

ΣΗΜΕΙΩΣΕΙΣ

1 Ο ιστορικός τέχνης και κριτικός, Michael Paraskos, πραγματεύεται την κατάσταση της σύγχρονης κυπριακής τέχνης σε σύντομο άρθρο του με θέμα την Κρατική Πινακοθήκη Σύγχρονης Κυπριακής Τέχνης, στο περιοδικό της Cyprus Airways *SunJet*, τεύχος 11, Αρ. 6, Άνοιξη 2002, σσ. 62-65.

2 Όταν ρώτησα τον Στας για τη συχνή χρήση του κίτρινου, μου ζήτησε να κοιτάξω έξω από το παράθυρό του, και να παρατηρήσω την κιτρινότητα του τοπίου. Ζει σε έναν κόσμο κίτρινων αποχρώσεων.

3 Το 1888, ο Τζέιμς Ένσορ ζωγράφισε το αριστούργημά του, *Η Είσοδος του Χριστού στις Βρυξέλλες, σωτήριο έτος 1889* (τώρα στο Μουσείο Ζ.Π. Γκέτι, στο Μάλιμπου, Καλιφόρνια). Κατά τον αιχμηρό του τρόπο, ο πίνακας παριστάνει το μελλοντικό γεγονός του τίτλου ως καρναβαλίστικη παρέλαση, που είναι ταυτόχρονα πολιτική διαδήλωση: μια συμπύκνωση φρικτών προσώπων, ή έστω καρικατούρων, που περιλαμβάνουν κεφάλι Χάροντα, σχεδόν όλα να οδεύουν προς το μέρος μας. Πρόκειται για έναν τεράστιο πίνακα, πλούσιο σε χρώμα, που ξεχωρίζει για τις βαριές, ηθελημένα αδέξιες πινελιές του, ενώ διαθέτει μια σφοδρότητα δυσεύρετη στη μοντέρνα τέχνη. Ο πίνακας του Στας, που ενδεχομένως ενσωματώνει ορισμένες αναμνήσεις του συγκεκριμένου έργου του Ένσορ, είναι σχετικά ήρεμος, και έτσι πιο παγκόσμιος: μια εικόνα διαμαρτυρίας που δεν εστιάζει στον διαμαρτυρόμενο.

4 Το ζήτημα της φόρμας έναντι του θέματος διερευνάται διεξοδικά από τον Kenneth Clark στο βιβλίο *The Nude - A Study of Ideal Art*, Λονδίνο 1956. Κάθε τύπος θέματος – κάθε «είδος», όπως θα έλεγαν οι ιστορικοί τέχνης – έχει κατά παράδοση συσχετιστεί με μια διακριτή φόρμα ή τύπο εικόνας, αν και επί αιώνες οι ζωγράφοι συνειδητά συνδύαζαν διάφορα είδη, π.χ. γυμνό σε τοπίο, στον Τζορτζόνε και σε πολλούς καλλιτέχνες έκτοτε, ή νεκρή φύση μπροστά σε τοπίο, όπως στον Μπεν Νίκολσον, ο οποίος ενίοτε χρησιμοποιεί αντικρουόμενα ιδιώματα για τα δύο στοιχεία. Προοδευτικοί ζωγράφοι του 19ου αιώνα, όπως ο Κουρμπέ, αμφισβήτησαν τις αξίες που συμβατικά συνδέονται με το εκάστοτε είδος, αποδίδοντας σε «ελάσσονα» θέματα, παραδείγματος χάριν σε εικόνες αγροτών, την κλίμακα και τον χαρακτήρα «μείζονων» θεμάτων, που εικόνιζαν υψηλά θρησκευτικά ή λογοτεχνικά θέματα. Ίσως, ένας σημερινός ζωγράφος, όπως ο Στας, ειδικά κάποιος που δεν αδημονεί να επιδείξει τις επαγγελματικές του γνώσεις, να είναι απελευθερωμένος από τις κληροδοτημένες συμβάσεις που κυριαρχούσαν επί αιώνες στη δυτική τέχνη και απαντούν, όντως, σε κάθε προηγμένο έργο τέχνης. Ωστόσο, παρόλο που οι συγκεκριμένες συμβάσεις δεν μπορούν να τον περιορίσουν και να τον καθοδηγήσουν συνειδητά, αποτελούν μέρος της παρακαταθήκης του, και έτσι μορφοποιούν τον τρόπο με τον οποίο η πραγματικότητα της προσωπικής εμπειρίας διαπνέει το έργο του.

5. Η χρήση καθαρών αναλογιών, που χρονολογούνται στον Πυθαγόρα, ο οποίος απέδειξε τη σχέση τους με τα μουσικά διαστήματα και τη συμπαντική τάξη, όπως τότε γινόταν αντιληπτή, καταυγάζει τη θέση του Στας για μια ξεκάθαρη και επικοινωνιακή παρουσίαση. Εργάζεται συχνά σε τετράγωνη επιφάνεια (1:1) και 2:3 (π.χ. 40 x 60 εκ. ή 100 x 150 εκ.) ή 3:4 (π.χ. 75 x 100 εκ.), ξύλο ή καμβά. Εκεί όπου οι μετρήσεις προσεγγίζουν κατά πολύ τις συγκεκριμένες αναλογίες, μπορούμε να υποθέσουμε μια διαφοροποίηση σε τεντωμένο καμβά παρά μια ηθελημένη απόκλιση. Με αυτές τις επιβλητικές φόρμες έρχεται αντιμέτωπος όταν αρχίζει να ζωγραφίζει. Εισπράττουμε τον τελειωμένο πίνακα χωρίς ποτέ να αναρωτηθούμε αν θα μπορούσε να είχε άλλες διαστάσεις. Η επιλογή της διάταξης και του μεγέθους της επιφάνειας δεν είναι παρά μία από τις άπειρες αποφάσεις που παίρνει ο ζωγράφος, κάποιες συνειδητά, άλλες ενστικτωδώς, από τη στιγμή που θα ξεκινήσει ως τη στιγμή που θα ολοκληρώσει έναν πίνακα. Κατά καιρούς, ο Στας επιλέγει μιαν αναπάντεχη εναλλακτική, όπως στο πρώιμο έργο «Νεκρή Φύση με Κρανίο», σε αναλογία 3:1, που δίνει την αίσθηση πολύ ψηλού πίνακα. Ορισμένες από τις πρώτες τοπιογραφίες του είναι διπλά τετράγωνα, κάτι που τους προσδίδει πανοραμικό χαρακτήρα.

6 Στασίνος Παράσκος, *Mythology of Cyprus*, Λευκωσία 1981, γραμμένη στα αγγλικά. Επανεκδόθηκε με τον τίτλο *Aphrodite Cyprus*, στο Λονδίνο, το 1988, ενώ το 2000 επανακυκλοφόρησε από τον ίδιο εκδότη ως *Mythology of Cyprus*. [Το βιβλίο κυκλοφορεί επίσης σε ελληνική μετάφραση, με τίτλο *Η Μυθολογία της Κύπρου* (The Orage Press: Λονδίνο, 2018)]. Ο Στας μου είπε ότι είναι «αγράμματος σε δύο γλώσσες» (επιστολή ημερομ. 24 Ιουλίου, 2001), κάτι που, ασφαλώς, δεν ισχύει. Αρθρογραφεί και γράφει ποίηση στα ελληνικά, που είναι η πρώτη του γλώσσα. Τα αγγλικά του (γραπτά και προφορικά) είναι σχεδόν τέλεια, ενώ του επιτρέπουν ορισμένες προσωπικές χρήσεις που επαυξάνουν την εκφραστικότητά τους.

7 Λόγια του ίδιου του Στας, σε επιστολή ημερομηνίας 24 Ιουλίου, 2002.

8 Ό,τι ακολουθεί αποτελεί οφειλή στο βιβλιαράκι του Michael Paraskos, *The Great Wall of Lempa*, Πάφος, 1999, και στην εισαγωγή που έγραψε ο ζωγράφος Grahame Parry. Ο Parry μετέβη στο Κυπριακό Κολέγιο Τέχνης για

μεταπτυχιακό έργο, ενώ κατά διαστήματα έχει θητεύσει ως βοηθός διευθυντή. Οι πληροφορίες που παρατίθενται εδώ αρύονται ως επί το πλείστον από τα δύο αυτά κείμενα. Έχω επισκεφτεί τη Λέμπα και μελέτησα το τείχος, τρεις ή τέσσερις φορές, ενώ συζήτησα γι᾽ αυτό το θέμα με τον Στας. Είμαι, λοιπόν, σε θέση να προτείνω κάποιες δικές μου παρατηρήσεις. Καμία αναφορά στο έργο του Στας δεν θα ήταν πλήρης εάν δεν περιλάμβανε το τείχος ως ένα κομμάτι δημόσιας, περιβαλλοντικής γλυπτικής/αρχιτεκτονικής, πόσο μάλλον αφού μας θυμίζει τον ρόλο του ως δασκάλου, αλλά και ως καλλιτέχνη πρόθυμου να βγει από το ατελιέ και να δουλέψει μαζί με το κοινό, για το κοινό, και εξίσου πρόθυμου να επεξεργαστεί την τέχνη του στη μοναξιά του ατελιέ, προτού την προσφέρει στο κοινό.

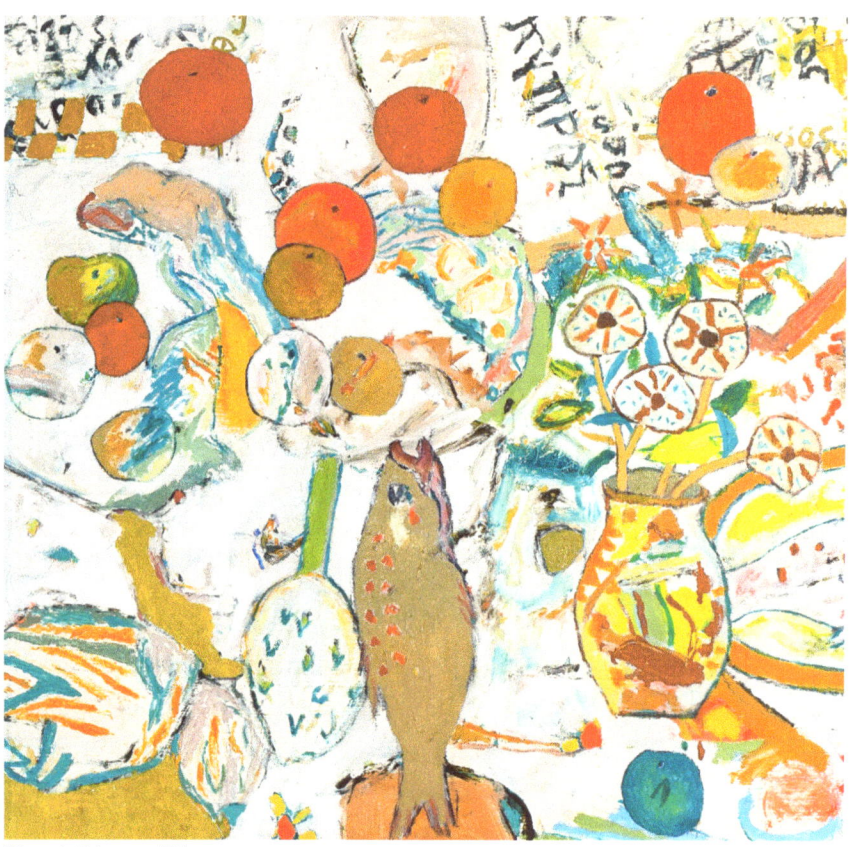

Νεκρή Φύση με Ψάρια
λάδι σε σανίδα
1967 (Συλλογή Τέχνης της Πόλης του Λιντς)

«Θέλω να κάνω κυπριακή τέχνη.
Θέλω να συνεχίσω την παράδοση που
μας άφησε ο Γεωργίου και ο
Διαμαντής. Ο κονσεπτουαλισμός
είναι εντάξει – για τους
διανοούμενους που θέλουν να δείξουν
πόσο έξυπνοι είναι. Οταν
λέω θέμα, δεν εννοώ να κάνω
εικονογράφηση ενός θέματος. Θα του
δώσω ποιητική έκφραση. Και τα έργα
μου αν έχουν κάτι κυπριακό, δεν είναι
η θεματολογία, είναι η ατμόσφαιρα,
είναι το αίσθημα που είναι κυπριακό»

ΣΤΑΣ ΠΑΡΑΣΚΟΣ

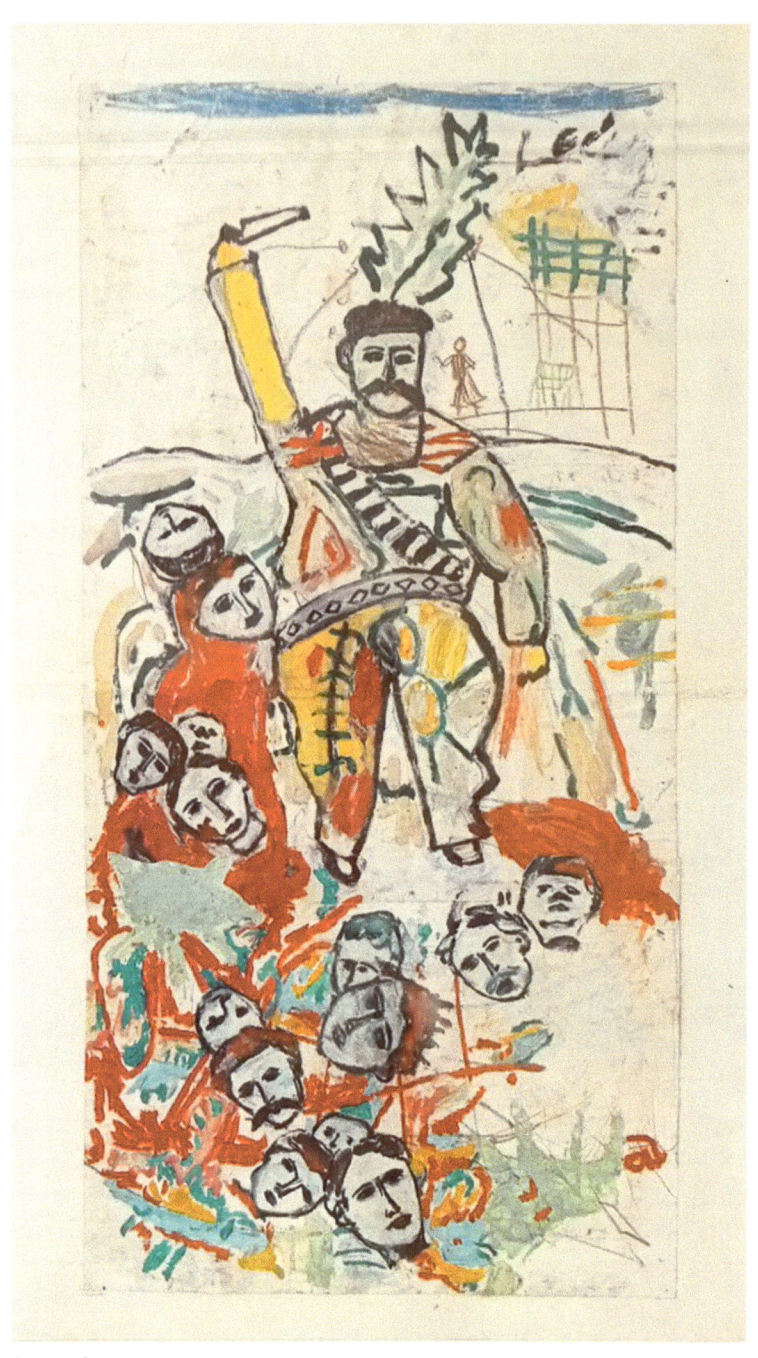

Ο Ληστής
λάδι σε χαρτί
1963

Το τραγούδι μου

Θέλω κι' εγώ να διαβάσω βιβλία,
θέλω κι' εγώ μια δουλειά να δουλέψω,
θέλω κι' εγώ να μπω σε σχολεία
κι' άλλες ημέρες να μη ζητιανέψω.

Θέλω ταξίδια, να βλέπω τοπία,
θάλασσες νέες, καινούργια μια φύση,
θέλω να νοιώσω τι είν' ευτυχία,
θέλω να φύγει από μένα η φθίση.

Θέλω κι' εγώ σαν τους λίγους να ζήσω,
θέλω να φύγουνε οι αγωνίες,
θέλω κ' εγώ σαν αυτούς να κυλήσω
μες σε θερμές αγκαλιές γυναικείες...

Μια κι' όμως δεν έχω εκείνο που θέλω,
δίνω τη λίγη ζωή που κατέχω
για των ανθρώπων των άλλων το μέλλο.
Τίποτα άλλο να δώσω δεν έχω.

Στας Παράσκος
περ. *Κυπριακά Γράμματα, ΙΣΤ΄ 1951*

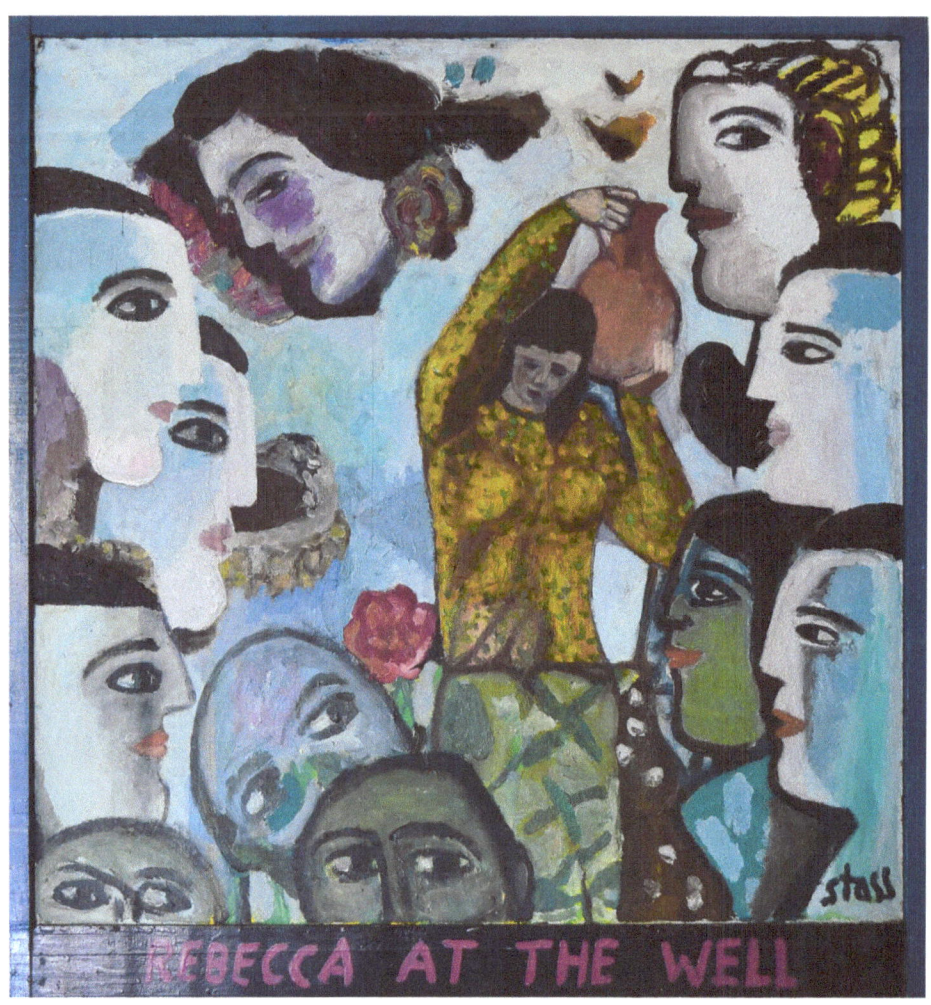

Η Ρεβέκκα στο πηγάδι
λάδι σε σανίδα (66 × 61 εκ)
περ. 1980 (ιδιωτική συλλογή)

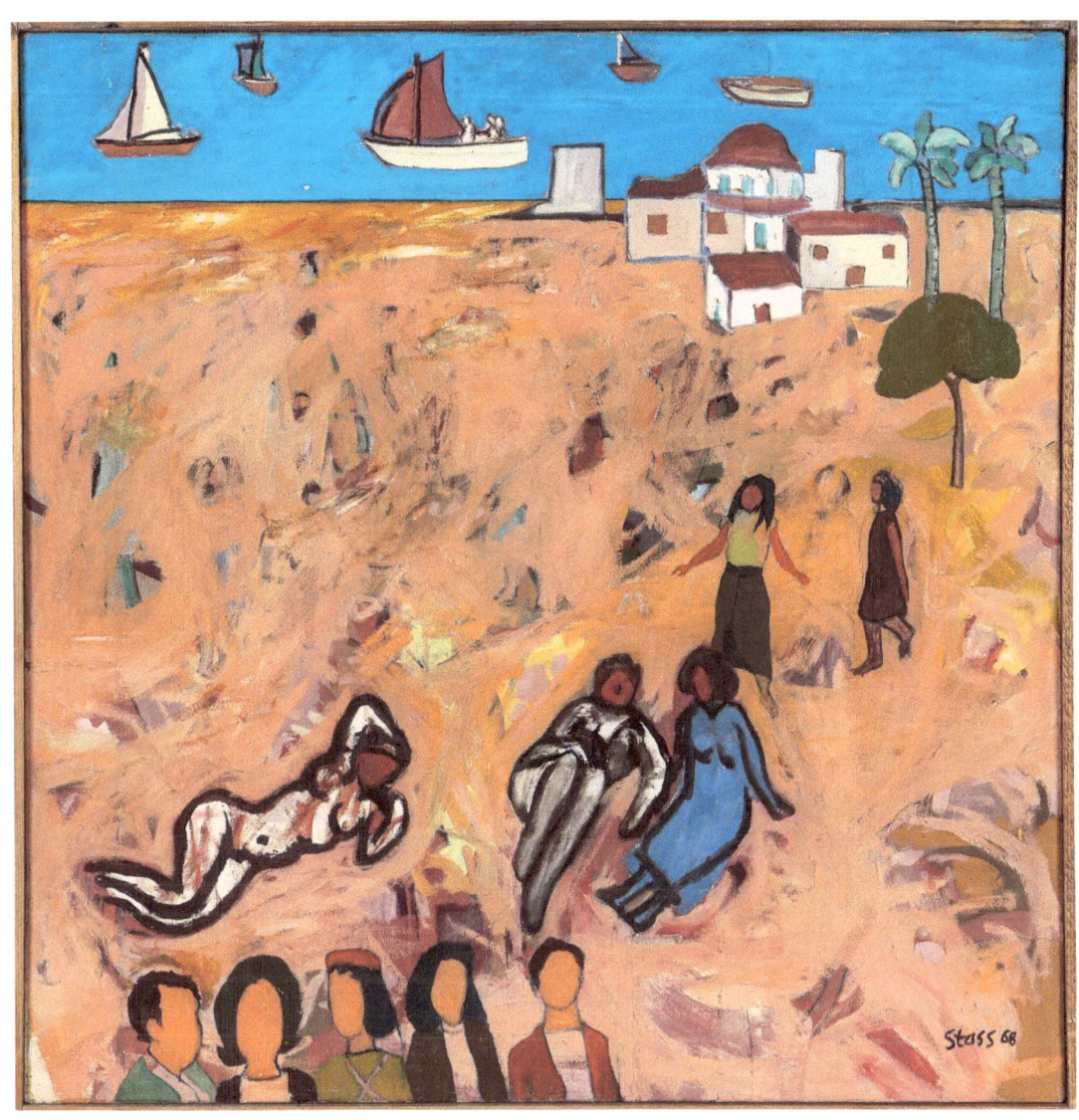

Λυρικόν Τοπίον
λάδι σε καμβά
1968 (Η Τεχνική Επιτροπή για τον Πολιτισμό, Κύπρος)

Also available from the Orage Press

Στας Παράσκος

Η Μυθολογία της Κύπρου

Ελληνική μετάφραση της πρωτότυπης αγγλικής έκδοσης, με νέα εισαγωγή από τον Michael Paraskos. Εικονογράφηση: Stass Paraskos, Margaret Paraskos και Tina Brown

Γραμμένη από τον διακεκριμένο Κύπριο ζωγράφο, Στας Παράσκο, *Η Μυθολογία της Κύπρου* είναι ένα εξαιρετικά ευανάγνωστο, αληθινά ψυχαγωγικό ταξίδι στον παγανιστικό κόσμο της αρχαίας Κύπρου, όταν το νησί ήταν όντως η Γη της Αφροδίτης, της θεάς του έρωτα.

Με ιδιαίτερες εντρυφήσεις στους τρόπους με τους οποίους η παγανιστική πεποίθηση και πρακτική απηχείται στους μοντέρνους καιρούς, και ένα μυθοπλαστικό οδοιπορικό στην προχριστιανική Κύπρο, με παρέα κάποιον Βροντέα, *Η Μυθολογία της Κύπρου* προσφέρει αναγνωστική απόλαυση.

ISBN: 978-0-9929247-0-6

Rupert Gunnis

Historic Cyprus

Rupert Gunnis is one of the founding fathers of Cypriot historiography. Whilst working as an administrator in the British Colonial Government of Cyprus in the 1930s he visited every town and city on the island, recording its interesting historic buildings and sites.

In this facsimile of 1936 edition of the resulting book, not only do we gain a snapshot of a Cyprus that has now long gone, but find a text that is still surprisingly useable as a guide to the material culture of Cyprus.

ISBN: 978-0-9544523-9-1